suhrkamp taschenbuch 2355

GW00806353

Nach *Liebling Kreuzberg*, einer der erfolgreichsten deutschen Fernseh-serien, nun *Wir sind auch nur ein Volk*. Derselbe Autor: Jurek Becker, derselbe Regisseur: Werner Masten, derselbe Hauptdarsteller: Man-fred Krug.

Eine Fernsehkonferenz entschließt sich, in die leidvolle deutsch-deutsche Geschichte einzugreifen und eine Fernsehserie in Auftrag zu geben. Ein Westautor soll die Lebensgewohnheiten einer Ostfamilie untersuchen, um die Mißverständnisse zwischen hüben und drüben plausibel zu machen, die sich aus der plötzlichen Zusammenführung ergeben haben. Die Herren sind überzeugt, daß der Zwiespalt zu überwinden sei, wenn dem einen die Hintergründe für das befremdete Verhalten des anderen erklärt werden. So macht sich der beauftragte renommierte Autor Anton Steinheim auf den Weg über die nicht mehr und doch noch vorhandene Grenze nach Ostberlin, wo Familie Grimm bereit ist, sich beobachten und befragen zu lassen...

Das Personal, das Anton Steinheim geboten wird, ist ebenso auf-schlußreich wie die Ereignisse, die Zwischenfälle, die Blicke ins Ver-gangene und Zukünftige. Tumultuös sind die Beziehungen untereinan-der und unerschöpflich die Schlagfertigkeiten. Kaum öffnet jemand die Augen, kaum öffnet jemand die Tür, schon wird ihm Paroli geboten, mit Witz, Ironie, Sarkasmus. Jurek Becker, der Meister der Dialoge, weiß, wovon er redet, er kennt die eine Himmelsrichtung so gut wie die andere. Neun Folgen einer Fernsehserie – eine unwiderstehliche Lek-tion zu unser aller Wohl.

Jurek Becker, 1937 in Lodz geboren, studierte Philosophie, schreibt Romane, Erzählungen und Filmdrehbücher. Er lebt in Berlin. Weitere *suhrkamp taschenbücher: Jakob der Lügner*. Roman (st 774), *Irreführung der Behörden*. Roman (st 271), *Der Boxer*. Roman (st 526), *Schlaflose Tage*. Roman (st 626), *Nach der ersten Zukunft*. Erzählungen (st 941), *Aller Welt Freund*. Roman (st 1151), *Bronsteins Kinder*. Roman (st 1517), *Amanda herzlos*. Roman (st 2295).

Jurek Becker
Wir sind auch nur ein Volk

Drehbücher der
Folgen 4 bis 6

Der empfindliche Bruder
Stasi für Anfänger
Der zweite Sekretär

Suhrkamp

suhrkamp taschenbuch 2355
Erstausgabe
Erste Auflage 1995
© Suhrkamp Verlag Frankfurt am Main 1995
Suhrkamp Taschenbuch Verlag
Alle Rechte vorbehalten, insbesondere das
des öffentlichen Vortrags, der Übertragung
durch Rundfunk und Fernsehen
sowie der Übersetzung, auch einzelner Teile.
Druck: Ebner Ulm
Printed in Germany
Umschlag nach Entwürfen von
Willy Fleckhaus und Rolf Staudt

1 2 3 4 5 6 – 00 99 98 97 96 95

4. *Folge*
Der empfindliche Bruder

Personen

Fernsehmoderator
Anton Steinheim
Benno Grimm
Trude, *seine Frau*
Karl Blauhorn, *Trudes Vater*
Theo Grimm
Harry Blauhorn
Steffi Blauhorn
Linde, *ein Geldbote*
Lucie Steinheim
Herr und Frau Lindner, *ihre Eltern*
Beate, *ehemalige Freundin Theos*
Eine Frauenstimme
Taxifahrer

1. Bild
Fernsehstudio

Im Studio findet eine Talk-Show statt, live, am besten vor Publikum, das dann und wann applaudiert. Drei oder vier Talk-Gäste sitzen in bequemen Ledersesseln, sie sind schon abgefragt worden. Alle sehen sie außerordentlich prominent aus. (Es wäre gut, wenn der Interviewer oder die Interviewerin eine Person wäre, die man in dieser Funktion aus dem tatsächlichen Fernsehen kennt, Elke Heidenreich etwa oder Gisela Marx.) Zu Beginn spielt ein Jazz-Trio oder ein Gitarren-Duo, jedenfalls eine Musik ohne Gesang. Wir hören die letzten Takte, dann verbeugen sich die Künstler, Beifall vom Publikum.

MODERATOR Unser nächster Gast ist Schriftsteller, ein Koloß unter den deutschen Literaten, was natürlich nicht physisch gemeint ist. Ich begrüße Anton Steinheim!
Er steht auf, applaudiert, daraufhin wird auch im Publikum geklatscht. Durch einen Vorhang in der Dekoration kommt Steinheim, mit Anzug und Krawatte. Er verbeugt sich, der Moderator gibt ihm die Hand, er wird zu einem Stuhl geführt und setzt sich. Er nickt den anderen Gästen zu.

MODERATOR Herr Steinheim – die deutsche Öffentlichkeit kennt Sie in erster Linie aus Ihren wundervollen Büchern. Und nicht nur die deutsche – in wie viele Sprachen sind Ihre Romane übersetzt?

STEINHEIM *dem die Frage nicht sehr angenehm ist:* Sieben oder acht...
Vereinzelt klatschen Zuschauer.

MODERATOR Sobald der Name Steinheim fällt, assoziiert jeder: anspruchsvolle Literatur, Hochkultur. Nun geistern seit ein paar Wochen Meldungen durch die Presse, wonach Sie eine Fernsehserie schreiben. Ist da was dran?

STEINHEIM Ja, da ist was dran. Jedenfalls bin ich in den Vorbereitungen.

MODERATOR Wahrscheinlich konnte man meiner Frage anhören, daß ich davon überrascht bin. Sind das nicht zwei getrennte Welten – auf der einen Seite das Universum der Literatur, die Sphäre der Gebildeten, und auf der anderen die Bühne der Massenunterhaltung? Geht es da nicht viel lauter, oberflächlicher, undifferenzierter zu? ... Was hat einen Mann wie Sie bewogen, vom Olymp herabzusteigen, wenn ich mal so sagen darf, und sich in die Niederungen der Fernsehunterhaltung zu begeben?

STEINHEIM Das hat mich meine Frau auch schon gefragt...

Der Moderator lacht als einziger.

MODERATOR Und was haben Sie geantwortet?

STEINHEIM Ich habe ihr gesagt, daß sie nicht so vorschnell sein und ihr Urteil lieber erst dann abgeben soll, wenn das Resultat vorliegt... Sie scheinen schon vorher zu wissen, was bei der Sache rauskommt.

MODERATOR Sie sind der Meinung, daß Fernsehserien und Kultur viel miteinander zu tun haben?

STEINHEIM Meistens nicht. Aber ich bin wild entschlossen, zu beweisen, daß es auch anders geht. Ein paarmal in der Vergangenheit ist das übrigens auch schon geglückt.

MODERATOR Darf man fragen, wo?

STEINHEIM Da fällt mir ›Kir Royal‹ ein. Oder ich denke
an ›Liebling Kreuzberg‹. Oder ich denke an die jüng-
sten Arbeiten meines verehrten Kollegen Wolfgang
Menge...

Einige unter den Zuschauern klatschen.

2. Bild
Wohnzimmer der Grimms

*Bei den Grimms wird ferngesehen, es ist derselbe Abend.
Auf dem Sofa Benno Grimm und seine Frau Trude, in
einem Sessel Karl Blauhorn, der Bier trinkt. Auf dem
Tisch Knabberzeug. Auf dem Bildschirm die allerletzte
Szene eines Liebesfilms. Wir sehen den letzten Kuß oder
eine Umarmung, einen Abschied, einen davonfahrenden
Zug und hören Musik. Dann läuft der Abspann. Trude
Grimm hat eine Träne im Auge, die wischt sie mit einem
Hemdzipfel Grimms weg.*

GRIMM Alte Heulsuse... *Er tätschelt ihr tröstend die
Schulter.*

Während noch der Abspann läuft, steht Trude auf.

TRUDE Ich geh ins Bett... *Sie gähnt.*

BLAUHORN Bleib doch noch 'n bißchen. Du kannst mich
doch nich mit deinem Mann allein lassen...

TRUDE *nimmt das nicht ernst:* Im Unterschied zu euch
muß ich morgen früh arbeiten...

Sie geht hinaus.

GRIMM Sehr feinfühlig...

Der Abspann ist noch lange nicht vorbei, auch nicht die Musik.

BLAUHORN Könntest du mal was anderes machen?

Er meint ein anderes Programm. Grimm nimmt aus der Brusttasche seines Hemds die Fernbedienung und schaltet mehrere Programme durch, recht schnell. Dreimal, viermal, fünfmal.

BLAUHORN Geh mal zurück! Da war was!

Grimm schaltet zurück. Wir sehen auf dem Bildschirm die Talk-Show, doch ohne Ton. Wir sehen eine Nahaufnahme von Steinheim, der gerade redet.

BLAUHORN Mach doch mal den Ton rein ...!

Grimm drückt erfolglos auf der Fernbedienung herum.

GRIMM Geht nich ...

Nun erscheint, über dem pausenlos den Mund bewegenden Steinheim, eine Schrift: Tonstörung.

BLAUHORN Das is doch unser Steinheim!

GRIMM Wie hast du das rausgekriegt?

Auf dem Bildschirm –

STEINHEIM ... weil die Grenze in den Köpfen der Menschen ...

Dann ist der Ton wieder gestört.

BLAUHORN Was hat er gesagt?

GRIMM Ich hab genau nich mehr gehört als du.

Auf dem Bildschirm –

STEINHEIM ... sonst werden wir noch in hundert Jahren ...

Dann ist wieder der Ton gestört.

BLAUHORN Was sagt er? Wieso bricht das immer wieder ab?

GRIMM *ruhig:* Karl Blauhorn, du bist 'ne Nervensäge ...

Er legt die Fernbedienung auf den Tisch, so daß
Blauhorn sie nun selbst nehmen kann. Aber der tut
es nicht, er sieht nur gebannt zum Fernseher.
Auf dem Bildschirm –

STEINHEIM ... denn es sind nicht nur ökonomische Probleme, mit denen wir ...
Tonstörung.

BLAUHORN Das halten meine Nerven nich aus ...
Er nimmt nun die Fernbedienung und versucht den
Ton lauter zu stellen, natürlich ohne Erfolg.

GRIMM Meine auch nich ...
Auf dem Bildschirm –

STEINHEIM *nun in beängstigender Lautstärke:* ... darf
man auch persönlich nichts unversucht lassen, damit
die Kluft zwischen den Menschen auf beiden Seiten
der früheren Mauer ...
Tonstörung. Grimm ist, kaum hört man den brül-
lenden Ton, zu Blauhorn gestürzt und reißt ihm die
Fernbedienung aus der Hand; er stellt den Ton lei-
ser, noch bevor er wieder von allein abbricht.

GRIMM Hast du's jetzt verstanden?

BLAUHORN Jedes einzelne Wort.
Auf dem Bildschirm –

STEINHEIM *in normaler Lautstärke:* ... konnte kein
Mensch voraussehen, daß wir in so kurzer Zeit ...
Ton bricht ab. Grimm steht auf.

GRIMM Das is mir zu anstrengend, ich leg mich auch
hin ... *Er legt die Fernbedienung zurück auf den*
Tisch. Paß schön auf und erzähl mir morgen alles, ja?
Auf dem Bildschirm –

STEINHEIM *zum Moderator:* ... Oder wissen Sie einen
Weg, wie wir mit diesen Problemen ...

Tonstörung.

GRIMM *vor sich hin, im Hinausgehen:* Den weiß doch keiner... *Er geht aus dem Zimmer.*

3. Bild
Fernsehstudio

Steinheim wird noch interviewt.

MODERATOR Reichen Ihre bisherigen Kenntnisse des Ost-Lebens, wenn ich es mal salopp ausdrücken darf, für eine solche Geschichte aus? Oder wie sonst machen Sie sich sachkundig?

STEINHEIM Das ist tatsächlich der springende Punkt. Meine eigenen Erfahrungen mit dem Osten sind viel zu dünn und sporadisch für diese Arbeit. Aber ich habe eine unschätzbare Hilfe bekommen...

MODERATOR *unterbricht ihn:* Entschuldigen Sie, wenn ich da einhake, aber wäre es nicht logischer, wenn ein Autor der früheren DDR die Drehbücher schreiben würde? Alle stehen sie ja nicht unter Stasi-Verdacht?

Vereinzelt Lachen unter den Zuhörern.

STEINHEIM Ehrlich gesagt, finde ich das auch. Aber das habe ich nicht zu verantworten – schließlich habe ich mich nicht beworben. Die Fernsehchefs haben mich gefragt – wenn Sie wissen wollen warum, müssen Sie mit denen reden. Ich habe lange gezögert, aus den schon erwähnten Gründen heraus, und schließlich ja gesagt.

MODERATOR Am Ende hat man Sie gefragt, weil Sie ein
so toller Schriftsteller sind – könnte ja immerhin eine
Rolle gespielt haben...
Vereinzeltes Lachen, vereinzeltes Klatschen.
Aber ich hatte Sie unterbrochen: Sie wollten uns
gerade von einer unschätzbaren Hilfe erzählen, die
Sie bei Ihrer Arbeit haben. Was ist das für eine Hilfe?

STEINHEIM Ich habe das Privileg, für einige Zeit haut-
nah mit einer Ostberliner Familie zu leben. Man hat
mich als halbes Familienmitglied aufgenommen –
hoffentlich können die das jetzt nicht hören –, ich
erfahre auf diese Weise mehr über den Alltag und die
Sorgen der Ostmenschen, als es mir durch monate-
langes Herumfragen möglich wäre.

MODERATOR Das interessiert mich: Können Sie uns etwas mehr über diese Familie erzählen? Was sind das
für Leute?

STEINHEIM *heiter:* Sie bringen mich da in einen schweren Gewissenskonflikt, denn alles, was ich Ihnen
jetzt sage, wird mir dort bestimmt morgen unter die
Nase gerieben... Also: Die Familie besteht aus
einem Ehepaar – sie Lehrerin, er arbeitsloser Dispatcher...

MODERATOR *unterbricht:* Dispatcher? Was ist das?

STEINHEIM Wußte ich zuerst auch nicht. Ein Dispatcher
ist eine Art DDR-Industriemanager. Ersparen Sie mir
nähere Erklärungen – die Zuschauer würden ein-
schlafen...
Der Moderator nickt lächelnd.

STEINHEIM *weiter:* Dann gibt es einen Sohn mit abge-
brochenem Studium, der sich sporadisch zu Hause
blicken läßt und noch nicht genau weiß, welche

Rolle ihm gemäß ist. Auch wenn er zur Zeit keine Beschäftigung hat, habe ich den Eindruck, daß ihm die Umstellung von der DDR auf Deutschland von allen Familienmitgliedern am leichtesten gefallen ist...

4. Bild
Wohnzimmer der Grimms

Immer noch sitzt Blauhorn vor dem Fernseher, allein wie schon zuletzt. Der Ton des Fernsehers scheint inzwischen in Ordnung zu sein, Blauhorn hört sehr aufmerksam zu. Denn auf dem Bildschirm ist eine Nahaufnahme von Steinheim zu sehen.

STEINHEIM Schließlich gibt es einen Großvater, den Vater der Lehrerin. Er lebt mit in der Wohnung, in erster Linie zwar aus materiellen Gründen, doch gibt seine Anwesenheit der Familie das Gepräge einer Großfamilie. Auch wenn die Anzahl der Personen nicht groß ist... An diesem Großvater ist besonders hervorzuheben...
Wieder bricht der Ton ab, und man liest im Bild: Tonstörung.
BLAUHORN *ärgerlich:* Himmel, Arsch und Zwirn!
Er steht vor Zorn auf, drückt an der Fernbedienung herum, ohne jeden Erfolg. Fünf, sechs Sekunden starrt er böse auf den unhörbar sprechenden Steinheim. Dann ist der Ton wieder da:
STEINHEIM ... aber nie für längere Zeit. Kaum hat man sich daran gewöhnt, daß er...

Ton bricht wieder ab.
BLAUHORN *am Ende seiner Geduld:* Nich mit mir! *Er macht den Fernseher aus.*

5. Bild
Fernsehstudio

Die Situation wie zuvor, das Interview mit Steinheim ist noch nicht zu Ende.

STEINHEIM ... Je länger man mit ihnen zusammen ist, um so eher kommt es einem vor, als könne man solchen Leuten überall in Deutschland begegnen, in Bayern genauso wie in Hessen. Es sind einfach normale Leute, nur ihre Situation ist alles andere als normal...

MODERATOR Und verstehe ich Sie richtig, daß genau dieser Eindruck so etwas wie die Botschaft der ganzen Serie sein soll?

STEINHEIM Ja, das verstehen Sie richtig...

Der Moderator ist mit seiner Befragung am Ende. Er nickt Steinheim lächelnd zu, dann klatscht er in die Hände, dem Publikum zugewendet, um es zum Beifall zu animieren. Das klappt, die Zuschauer applaudieren auch, auch die anderen Talk-Gäste. Steinheim verbeugt sich, ohne aufzustehen. In den Beifall hinein beginnt das Gitarren-Duo oder das Jazz-Trio vom Anfang wieder zu spielen.

6. Bild
Flur bei Grimms

Blauhorn schlurft den Flur entlang, öffnet die Wohnungstür. Steinheim ist da, er kommt herein. Sie geben sich die Hand.

STEINHEIM Guten Tag, Herr Blauhorn.
BLAUHORN Schönen guten Tag... *Er macht die Tür zu.* Im Moment is aber keiner da. Das heißt, bis auf mich und die Nervensäge.
STEINHEIM Damit bin ich mehr als zufrieden...
Falls er etwas an die Garderobe zu hängen hat, tut er es.

7. Bild
Wohnzimmer der Grimms

Auf dem dafür vorgesehenen Tisch steht ein prächtiges Schloß aus Anker-Bausteinen, von dem eine Säule in dem Moment umkippt, als die Zimmertür zufällt. Blauhorn und Steinheim, die hereingekommen sind, bemerken es aber nicht. In einem Sessel, eher liegend als sitzend, Theo. Er liest ein Comicheft. Auf den Ohren hat er Kopfhörer und hört Musik aus einem Walkman, die für uns nicht zu hören ist. Offenbar ist sie so laut, daß Theo von den Eintretenden nichts wahrnimmt.

BLAUHORN Soll ich 'n Tee kochen?
STEINHEIM Jetzt nicht, vielen Dank.
BLAUHORN Trude wird nich vor drei hier sein.

STEINHEIM Und Herr Grimm?

BLAUHORN Der is zum Bahnhof gefahren...

Er bemerkt an dem Bauwerk die umgekippte Säule und beginnt sie neu zu errichten. Aber sehr geschickt stellt er sich nicht dabei an.

BLAUHORN Der holt seinen Schwager ab, der sich plötzlich angesagt hat...

STEINHEIM *verwundert:* Seinen Schwager?

BLAUHORN Ja, Trudes Bruder. Man könnte auch sagen – meinen Sohn – so rum geht's auch...

Jetzt fällt nicht nur die Säule wieder um, sondern das ganze Portal des Schlosses.

BLAUHORN *für sich:* Scheiße!...

Er sieht prüfend zu Theo, ob der etwas bemerkt hat. Aber der hört und liest.

BLAUHORN *laut:* Theo!... Was hast 'n hier wieder für Mist gemacht?

Theo reagiert nicht, dafür grinst Steinheim.

BLAUHORN *zu Steinheim:* Soll ich Ihnen sagen, was bei dem unter den Kopfhörern los is?... Das nennt sich heutzutage Musik, aber es hat mit Musik so viel zu tun wie 'n Puff mit 'm Kloster... *Theo nimmt die Kopfhörer ab, offenbar hat er alles gehört.*

THEO *zu Steinheim:* Erstens war er in seinem ganzen Leben noch nie in einem Puff, worunter er übrigens leidet, und im Kloster auch nich... *Zu Blauhorn:* Zweitens hör ich keine Musik, sondern lerne Englisch... *Wieder zu Steinheim:* Und drittens will ich Ihnen mal vorführen, was für Hörgenüsse e r bevorzugt...

Er steht auf und geht aus dem Zimmer. Blauhorn sieht beunruhigt hinter ihm her.

BLAUHORN Was wird'n das jetzt?... *Zu Steinheim:* Finden Sie das nich ausgesprochen hinterhältig – tut so, als ob er wunder wie versunken is, und in Wirklichkeit hört er uns eiskalt zu?

Steinheim lächelt, er will sich auf keine Seite schlagen.

STEINHEIM *zeigt auf das beschädigte Schloß:* Reagiert Herr Grimm denn so sauer, wenn da mal was kaputtgeht?

BLAUHORN Sauer is überhaupt kein Ausdruck – der rastet aus. Dabei sind die Dinger so wackelig gebaut, daß der Dreck jedesmal von alleine umkippt...

Theo ist wieder da, er hat eine Schallplatte in der Hand, deren Cover man nicht erkennen sollte.

THEO *bezieht sich auf den letzten Satz:* Und deswegen mußt du mir das anhängen?

BLAUHORN *spielt verständnislos:* Wer hängt hier wem was an?

Aber Theo geht nicht darauf ein.

THEO *zu Steinheim:* Das ist eine Platte aus meines Großvaters Besitz...

Er ist zum Plattenspieler gegangen, hat den Deckel aufgeklappt, nun nimmt er die Platte aus der Hülle, legt sie auf und läßt den Tonarm herunter.

BLAUHORN *ironisch:* Da bin ich aber gespannt...

THEO Kannst du auch...

Noch zwei, drei Sekunden, dann ist es soweit: Wir hören von der Schallplatte eine politische Rede aus den sechziger Jahren, gehalten auf irgendeiner Großkundgebung. Mindestens zehn Sekunden sollte diese Rede zu hören sein.

STEINHEIM Ist das nicht Walter Ulbricht?

THEO Genau der isses!

Blauhorn geht zum Plattenspieler, macht ihn aus, nimmt die Platte vom Teller – sein Eigentum schließlich –, steckt sie in die Hülle und legt das Ganze irgendwohin.

BLAUHORN Na und? ... Gehör ich deshalb ins Gefängnis? ... Is die Platte verboten oder was? ... Außerdem hab ich sie seit zehn Jahren nich mehr gehört...

THEO Ich will eigentlich nur sagen, daß jeder selbst zu entscheiden hat, was er hört und was nich. Ich mekker nich über deine Musik – mecker du auch nich über meine. Wenigstens nich, solange ich dabei bin, okay?

Er wirft sich wieder in seinen Sessel, stülpt die Kopfhörer über und greift sich seinen Comic. Blauhorn sieht ihn mißgünstig an.

BLAUHORN *zu Steinheim:* Und man kann nich mal sicher sein, daß er einen nich hört! ... *Er geht aus dem Zimmer.*

STEINHEIM *zu Theo:* Lernen Sie schon lange Englisch?

THEO *nimmt den Blick nicht vom Comic:* Seit zwei Wochen.

STEINHEIM Haben Sie einen Job gefunden, für den Sie Englisch brauchen?

THEO *lesend:* Schön wär's ... Ich will endlich wissen, was die Videoclips im Fernsehen bedeuten ... In der Schule hab ich nur Russisch gelernt, aber russische Videoclips gibt's ja nich ...

Steinheim steht da, niemand will etwas von ihm. Er geht zum Tisch mit dem Schloß. Behutsam fängt er an, die eingestürzte Stelle zu sanieren. Aber trotz

aller Vorsicht stürzt noch mehr ein. Er blickt zu
Theo, der hört und liest.

8. Bild
Küche der Grimms

Blauhorn steht vor der geöffneten Speisekammer und
prüft die Bestände. Es wird an die offene Tür geklopft.
Blauhorn wendet kurz den Kopf, sieht Steinheim, sieht
wieder in die Speisekammer.

BLAUHORN Kommen Sie rein, kommen Sie rein...
    Steinheim setzt sich an den Küchentisch.
STEINHEIM Wenn Sie mir jetzt doch eine Tasse Tee ma-
    chen würden...?
BLAUHORN Aber klar... *In der Folge füllt er Wasser in*
    einen Kessel, setzt ihn auf die Platte und macht sie an.
STEINHEIM Wo lebt Ihr Sohn, den Herr Grimm gerade
    abholt?
    Neben dem Wassereinfüllen ist Blauhorn noch mit
    etwas anderem beschäftigt – er schreibt einen Ein-
    kaufszettel. Dabei prüft er dann und wann in der
    Speisekammer, ob etwas da ist oder ob es gekauft
    werden muß; er blickt in Mehlbüchse, Zuckerdose,
    Kartoffelkorb. Deshalb unterhält er sich mit Stein-
    heim auch unkonzentriert.
BLAUHORN In Bochum.
STEINHEIM *überrascht:* Im Westen?
BLAUHORN *korrigiert ihn milde:* In Deutschland.
STEINHEIM Schon seit jeher?

BLAUHORN Seit neunundsechzig. Da is er abgehauen.

STEINHEIM Bis dahin hat er hier mit Ihnen gewohnt?

BLAUHORN Nich direkt mit mir, aber hier im Osten...
Das Kind war damals schon zweiundzwanzig.

STEINHEIM Und seitdem haben Sie ihn nicht gesehen?

BLAUHORN Wie kommen Sie'n darauf?... Seit ich
Rentner bin, hab ich'n jedes Jahr besucht... Zu
wem hätt ich sonst fahren sollen?

9. Bild
Großer Bahnhof

*Auf einem Bahnsteig des Bahnhofs Lichtenberg, besser
noch des Hauptbahnhofs (des ehemaligen Ostbahn-
hofs), steht Grimm. Er trägt eine auffällige Mütze, knall-
rot und buntkariert. Ein Fernzug fährt ein. Passagiere
steigen aus und füllen den Bahnsteig. Grimm sieht sich
um. Er nimmt seine Mütze vom Kopf und hält sie in die
Höhe – sie ist ein Erkennungszeichen. Hinter ihn tritt
Harry Blauhorn, der Erwartete, mit seiner Frau Steffi.
Blauhorn ist Ende Vierzig, seine Frau fünf Jahre jünger;
er trägt einen schweren Koffer, sie eine Reisetasche. Es
sind sogenannte einfache Leute. Beide haben Grimm
noch nie im Leben gesehen, ebensowenig wie er sie.*

HARRY BLAUHORN *zeigt auf Grimm, leise:* Das is doch
so eine Mütze?

STEFFI BLAUHORN *ebenso leise:* Bestimmt...
*Harry Blauhorn tippt Grimm auf die Schulter, der
dreht sich nach ihm um. Blauhorn lächelt.*

HARRY BLAUHORN Benno Grimm?

GRIMM *nun auch lächelnd:* Mit dieser Mütze muß ich's
einfach sein. Trude hat sie mir aufgezwungen...
*Er knüllt die Mütze zusammen und stopft sie in die
Jacken- oder Hosentasche, sie hat ihre Aufgabe er-
füllt. Dann schütteln sie sich die Hand, unsicher, ob
sie sich nicht auch umarmen sollten. Aber sie tun es
nicht. Blauhorn zeigt auf seine Frau.*

HARRY BLAUHORN Das ist meine Frau... Steffi.
Grimm gibt auch ihr die Hand und lächelt sie an.

GRIMM *zu Blauhorn:* Ich dachte, Sie kommen allein...
Zu Steffi: Trude hat kein Wort gesagt, daß Sie auch
kommen. Aber die is ausgesprochen maulfaul.

HARRY BLAUHORN Jetzt werden wir noch anfangen, Sie
zu'nander zu sagen!...
*Er hebt seinen Koffer auf. Grimm will ihm den aus
der Hand nehmen, doch er läßt es nicht zu. Wenigstens nimmt Grimm Steffi die Reisetasche ab.*

GRIMM Wir müssen dort lang...
Nur er kennt den Weg, sie gehen los.

GRIMM Ich hoffe, ihr habt eine angenehme Reise gehabt
und so weiter...
*Steffi Blauhorn ist gebürtige Rheinländerin, aber sie
spricht den dazugehörigen Dialekt nur in Anklän-
gen.*

STEFFI BLAUHORN Er hat angefangen, mir das Spiel
Wattenscheid gegen Schalke zu erzählen. Und noch
vor der Halbzeit waren wir da...! *Sie kichert.*

10. Bild
Markthalle

*Karl Blauhorn und Steinheim kaufen in einer Markthalle
ein; das heißt, der Einkäufer ist Blauhorn, Steinheim
begleitet ihn nur oder hilft ihm beim Tragen. Wir sehen
Blauhorn an einem Gemüsestand die Ware prüfen und
dann dem türkischen Verkäufer reichen, Tomaten, Gur-
ken, Salat, Obst. Der Verkäufer sagt etwas, Blauhorn
antwortet etwas, Steinheim steht ein Stück abseits und
sieht zu. Dann kauft Blauhorn an einem Bäckerstand
Brot oder Kuchen. Wieder steht Steinheim ein paar
Schritte entfernt, nun mit einem Korb voll Gemüse und
Obst in der Hand. Dann sind wir an einem Imbißstand:
Steinheim bezahlt mit Kleingeld, dann balanciert er zwei
Tassen Kaffee an einen Stehtisch, wo Blauhorn schon
wartet. Auf dem Tisch Tüten und der Korb mit Einge-
kauftem, Steinheim hat Mühe, Platz für seine zwei Tassen zu finden. Sie trinken.*

BLAUHORN *zögernd, wie jemand, der sich überwinden
muß:* Kann man Sie mal im Vertrauen was fragen?
STEINHEIM Falls Sie meinen, ich soll's nicht weitererer-
zählen – ich denke schon, daß man das kann...
BLAUHORN *immer noch unsicher:* Es geht um 'ne ziemlich heikle Geschichte, und ich weiß nich, mit wem
ich sonst drüber sprechen soll. Vielleicht können Sie
mir 'n Rat geben... *Er blickt sich um, als fürchte er,
daß jemand ihm zuhören könnte, und als handle es
sich um das größte Geheimnis. Steinheim lächelt
eine Spur über solche Vorsichtsmaßnahmen.*
BLAUHORN *fährt mit gedämpfter Stimme fort:* Im Jahr

1938 bin ich in die NSDAP eingetreten... *Längere Pause, er sieht Steinheim bedeutungsvoll an.* Ich war 'n blutjunger Kerl. Ich hatte's mir in den Kopf gesetzt, Beamter zu werden, und ich wollte es zu etwas bringen... Zwei Jahre nach'm Krieg bin ich dann in die PDS eingetreten, denn ich wollte's immer noch zu was bringen...

STEINHEIM *ungläubig:* Sie sind nach dem Krieg in die PDS eingetreten?

BLAUHORN Quatsch! Ich meine in die SED, ich bring schon alles durch'nander... Ich hab natürlich keinem gesagt, daß ich früher in der NSDAP war – die hätten mir jedes Bein einzeln ausgerissen. Und es is auch nie rausgekommen, bis heute nich... Und plötzlich hab ich das Gefühl, daß ich damals 'n Fehler gemacht hab. Was meinen S i e ... Heute gelte ich einfach als 'n ehemaliger SED-Genosse, und die Hunde knapsen mir bei der Rente jede Mark ab, die sie nur können... Wenn aber bekannt wäre, daß ich davor schon mal in 'ner anderen Partei war, wär das doch anders? Glauben Sie nich auch...? Nachweisen lassen müßte es sich, irgendwo existieren bestimmt noch Unterlagen... Was ich nu wissen will, is, ob es sich Ihrer Meinung nach noch lohnt, die Sache anzupacken, oder ob die Ansprüche inzwischen verfallen sind?

Steinheim kratzt sich die Backe.

STEINHEIM Ehrlich gesagt, habe ich keine Ahnung. Es wäre am klügsten, wenn Sie mit einem Rentenberater sprechen würden... Und ehrlich gesagt, weiß ich auch nicht, was für Ansprüche Sie meinen. Aber auf mich kommt's dabei ja w i r k l i c h nicht an.

BLAUHORN Daß Sie nich denken, ich mach mir große Hoffnungen. Ich will nur sicher sein, daß ich keinen Fehler begehe ... Wo findet man so einen Rentenvertreter?

STEINHEIM Im Telefonbuch. Und diese Menschen heißen Rentenberater.

BLAUHORN Ich hab gar nich gewußt, daß es so 'n Beruf überhaupt gibt.

STEINHEIM Ich kenne ihn auch nur vom Hörensagen.

Blauhorn fällt plötzlich etwas ein.

BLAUHORN Ich hab noch was vergessen – ich muß noch da hinten zum Gewürzstand...

In einer nächsten Einstellung sehen wir sie durch das Gedränge der Markthalle gehen, mit ihren Taschen und Körben. Im Vorbeigehen haut ein alter Mann Blauhorn auf die Schulter, Blauhorn antwortet etwas, geht weiter. Wir hören nicht, was sie sagen.

11. Bild
Straße mit Straßenbahnhaltestelle
in Ost-Berlin

Eine Straßenbahn hält. Grimm, Harry Blauhorn und seine Frau Steffi steigen aus. Jetzt trägt Grimm den schweren Koffer und Blauhorn die Reisetasche. Sie gehen los in die Richtung, die nur Grimm kennt. Der hebt nach wenigen Schritten den Koffer auf die Schulter. Steffi Blauhorn sieht sich im Gehen die Straße und die Häuserfassaden an.

STEFFI BLAUHORN *zu Grimm:* Is das Ihre Straße?

HARRY BLAUHORN *korrigiert sie:* Deine Straße.

STEFFI BLAUHORN Ich muß mich erst dran gewöhnen. Aber er versteht mich bestimmt auch so... *Sie fragt Grimm:* Stimmt's?

GRIMM Na klar... wir müssen noch um zwei Ecken biegen, dann sind wir da.

STEFFI *sich weiter umsehend:* Ich war noch nie im Osten... Aber viel anders als bei uns in 'n fünfziger Jahren sieht's hier auch nich aus...
Ein Stück weiter:

GRIMM Wißt ihr schon, wie lange ihr bleibt?

HARRY BLAUHORN Das hab ich mit Trude am Telefon offengelassen... Auf keinen Fall länger als 'ne Woche.

GRIMM *seine Gedanken:* Das is ja wohl nich dein Ernst – du Gurke!...

GRIMM Das wird für Trude aber 'ne angenehme Überraschung!...

STEFFI Hat Sie gedacht, wir bleiben länger?
Sie kichert, niemand sonst scheint erheitert zu sein. Sie gehen. Grimm wechselt den Koffer von einer Schulter auf die andere.

12. Bild
Wohnzimmer der Grimms

Blauhorn und Steinheim stehen vor dem Schloß aus Ankersteinen, das jetzt noch mehr einer Ruine gleicht als zuletzt – sie bauen auf.

STEINHEIM *sucht zwischen den Steinen:* Sehen Sie irgendwo so eine runde kleine Säule?

BLAUHORN *sucht auch:* Nein... Und ich brauchte 'n Bogen für 'n Portal...

Steinheim nimmt einen Stein aus den Trümmern, prüft ihn, legt ihn wieder zurück. Das Telefon klingelt. Zweimal. Theo, der nach wie vor im Sessel hängt, mit Comic und Kopfhörern, rappelt sich hoch.

STEINHEIM *mit Bauen beschäftigt:* Falls es meine Frau ist – ich rufe später zurück.

Theo geht zum Telefon und nimmt den Hörer.

THEO Ja? *Er hört etwas, das ihn offenbar beunruhigt, er wirkt auf einmal nervös. Er sieht schnell zu den beiden anderen.*

THEO *in den Hörer:* Ja... Ja, kenn ich... *Er hört zu, nickt, sagt ein paarmal mhm... sieht ein paarmal zu den anderen. Die aber kümmern sich nicht um ihn, sie bauen.*

THEO *in den Hörer:* Okay. *Er legt auf. Er steht einen Moment zögernd da, dann wendet er sich an Blauhorn. Ich muß mal weg. Bin in ungefähr einer Stunde zurück...*

BLAUHORN *beim Bauen:* Du darfst.

Theo geht aus dem Zimmer, ihm ist nicht nach Witzen zumute.

STEINHEIM Vielleicht könnte man statt einer Säule zwei von solchen Steinen übereinanderstellen. Was meinen Sie?

Er zeigt Blauhorn einen Stein, wie er ihn meint.

BLAUHORN Dann fehlen die Ihnen für was anderes. Hier herrscht strenge Planwirtschaft.

Wieder kippt irgend etwas um. Grimm steht in der

offenen Tür, man hat ihn nicht kommen hören. Die Bauerei der beiden scheint ihm nicht sehr zu gefallen.

GRIMM Amüsiert ihr euch gut?

BLAUHORN *wie ein ertappter Schüler:* Hier is was umgekippt, und wir versuchen's auszubessern.

Grimm tritt an den Tisch und besieht sich die Sache.

GRIMM Daß was eingestürzt is, seh ich. Daß es aufgebaut wird, aber nich...

STEINHEIM Es ist meine Schuld, Herr Blauhorn hat gesagt, wir sollen die Finger davon lassen. Ich war der treibende Keil.

GRIMM Seien Sie mal nich zu solidarisch. Der geht seit zwanzig Jahren immer wieder da ran... *Zu Blauhorn:* Nimm die Finger da weg und guck lieber, wer gekommen is...

Blauhorn dreht sich zur Tür: dort steht sein lächelnder Sohn Harry mit der Andeutung ausgebreiteter Arme. Blauhorn geht zu ihm, und als sie sich umarmen und auf die Schultern klopfen, stürzt wieder ein Portal ein. Grimm blickt auf sein zerstörtes Wrack, macht sich aber davon los und wendet sich zu Steinheim, der neben ihm steht.

GRIMM *flüstert Steinheim zu:* Wissen Sie, wie lange die bleiben wollen? 'ne Woche!... Ich hatte mit zwei Tagen gerechnet.

STEINHEIM *flüstert ebenfalls:* Das trifft Sie hart?

GRIMM *weiter leise:* Wir sind doch kein Hotel!... Is zwar mein Schwager, aber ich kenn die Leute überhaupt nich. Und Trude is 'ne Menschenkennerin und sagt, daß er 'n absoluter Kotzbrocken is... *Er wen-*

det sich an Harry Blauhorn: Kommt rein, setzt euch,
fühlt euch wie zu Hause!...

13. Bild
Straße in Berlin

*Es sollte eine stark befahrene Straße sein; ein Blick von
einer Seite auf die andere wird immer wieder durch
vorbeifahrende Autos unterbrochen. Es spielt keine
Rolle, ob wir uns in Ost- oder in West-Berlin befinden.
Theo geht die Straße entlang, er trägt eine Art Piloten-
jacke. Beide Hände in den Taschen. Er geht dicht an der
Hauswand und sieht häufig zur gegenüberliegenden
Seite, er scheint jemanden zu suchen. Die Szene hat
etwas Unheimliches, als befänden wir uns plötzlich in
einer Kriminalgeschichte. Nach einigen Sekunden stellt
sich Theo in einen Hauseingang und läßt die andere
Straßenseite nicht aus den Augen. Er zündet sich eine
Zigarette an. Auf der gegenüberliegenden Seite nähert
sich ein Mann, etwas älter als Theo. Er trägt eine Krawatte und ein Sakko. In einer Hand hält er eine Ledertasche, eine sogenannte Geldbombe. Wie sich später her-
ausstellen wird, ist sie mit einer Kette am Handgelenk
festgemacht. Er heißt Linde. Auch Linde blickt herüber,
er scheint mit Theo verabredet zu sein. Als er Theos Blick
gefunden hat, nickt er. Auch Theo nickt und verläßt den
Hauseingang. Linde geht weiter, ohne Theo noch einmal
anzusehen. Niemand soll merken, daß die zwei sich kennen. Theo geht genauso schnell wie Linde, ein Stück*

*hinter ihm, die Fahrbahn zwischen ihnen. Linde ver-
schwindet in einem Hauseingang. Bevor die Tür hinter
ihm schließt, blickt er kurz zu Theo. Theo hat es natürlich gesehen. Er wirft seine Zigarette weg, überquert
die Straße, schlendert zu dem Haus hin, in dem Linde
verschwunden ist. Er geht hinein, ohne sich umzu-
blicken.*

14. Bild
Hausflur

*Ein alter Berliner Hausflur, mit Kacheln an den Wän-
den. Es ist merklich dunkler als eben noch auf der Straße.
Die Tür fällt zu, man hört leise den Straßenlärm. In eine
Ecke gedrückt steht Linde, mit seiner Ledertasche. Er ist
aufgeregt. Als Theo hereinkommt, blickt er zuerst zur
falschen Seite.*

LINDE *leise:* Da kommste ja endlich!

THEO *sieht auf seine Uhr:* Ich war genau pünktlich. Du
   kommst fünf Minuten zu spät.

LINDE *ärgerlich:* Wollen wir jetzt streiten, oder was? . . .
   Haste alles bei dir?

THEO Ja.

LINDE Seitenschneider?

THEO Ja.

LINDE Zeig her.

   *Theo ist sauer über den Befehlston, schweigt aber
   dazu. Er kramt aus dem Inneren seiner weiten Jacke
   einen Seitenschneider. Linde nimmt ihm das Ding*

*aus der Hand und prüft es, er scheint zufrieden zu
sein.*

LINDE 'ne Tüte, wo die Tasche reinpaßt?

*Theo holt aus der Jackentasche eine zusammengefal-
tete Plastiktüte. Er faltet sie auseinander. Linde
scheint zufrieden.*

LINDE Los, fang an, wenn einer uns zusammen hier
sieht, isses Scheiße ...

*Er drückt Theo den Seitenschneider wieder in die
Hand.*

THEO Wieviel ist drin?

LINDE Vierundvierzigtausendzweihundert.

THEO Hast du nich gesagt – mindestens fünfzigtausend?

LINDE *ungeduldig:* Willste's verschieben?

*Er wechselt die Tasche von einer Hand in die andere
und hält sie so weit weg, daß die Stahlkette, mit der
die Tasche am Handgelenk befestigt ist, gespannt
wird.*

*Theo setzt den Seitenschneider an die Kette an und
drückt mit aller Kraft. Es scheint aber nicht zu klap-
pen.*

LINDE Kannste nich fester, Mann! ...

THEO Willst du's machen?

*Er setzt wieder an, er drückt und drückt. Dann
zerspringt ein Kettenglied – die Ledertasche ist frei.
Theo nimmt sie Linde ab – einige Glieder der Kette
hängen am Griff – und steckt sie in die Plastiktüte,
die Linde weit aufhält. Zwei Frauen kommen die
Treppe herunter. Linde dreht sich so um, daß sie sein
Gesicht nicht erkennen können. Theo liest irgendeinen Anschlag an der Flurwand. Die Frauen gehen
vorbei, auf die Straße hinaus. Die Tür fällt hinter*

ihnen zu. Aus Lindes Jackenärmel hängt ein Stück-
chen Kette.

LINDE *vorwurfsvoll:* Weil du dich nich 'n bißchen beei-
len kannst!...

THEO Red nich immer so 'n Mist!... *Er greift den Seitenschneider am verkehrten Ende, als brauchte er
ihn nun als Waffe.* Haben wir noch was zu besprechen?

LINDE Du gibst keinen Pfennig aus, klar...? Du legst die
Kohle weg und vergißt sie... Ich ruf dich an, frühe-
stens in zwei Wochen. Dann bereden wir, wie's wei-
tergeht. Und ich sag dir noch mal – ich weiß genau,
wieviel drin is.

THEO Das beruhigt mich.

*Linde dreht sich weg von ihm, mit dem Gesicht zur
Wand. Er wartet, und zwar auf einen Schlag auf den
Hinterkopf, mit dem Seitenschneider. Theo sieht auf
den Seitenschneider in seiner Hand, dann auf Lindes
Kopf.*

LINDE Soll ich mit 'm Kopf 'n bißchen tiefer kommen?
Theo wiegt den Seitenschneider in der Hand.

LINDE *blickt sich kurz um:* Was is?

THEO *gepreßt:* Ich kann's nich.

LINDE *nimmt das nicht ernst:* Red nich so 'n Mist. Hau
zu und fertig. Und nich zu sachte. Es sieht nur dann
echt aus, wenn's auch echt is.
Er wartet wieder, in Duldungshaltung.

THEO Ich k a n n 's nich...
*Jetzt dreht Linde sich zu ihm um und sieht ihm in die
Augen.*

LINDE Bist du bescheuert? Was soll das? Soll ich mir
selber auf'n Kopp hauen oder was?!

Theo drückt ihm den Seitenschneider in die Hand.
THEO Du brauchst nich mit mir zu diskutieren – ich tu's
nich.
*Linde hält den Jackenärmel hoch, aus dem das Stück
Kette heraushängt, und mit der anderen die Plastik-
tüte.*
LINDE Und wie erklär ich nachher das hier?
THEO Tut mir leid, es geht nich...
*Er geht aus dem Hausflur auf die Straße. Einen
Augenblick steht Linde erstarrt da. Dann wirft er
wütend den Seitenschneider auf den Boden. Dann
stürzt er zur Tür.*

15. Bild
Straße in Berlin

*Theo geht davon, die Hände in den Taschen. Linde
kommt aus dem Haus, in der Hand die Plastiktüte mit
der Ledertasche darin. Auf den ersten Blick sieht er den
davongehenden Theo und rennt ihm hinterher. Er erreicht ihn und geht neben ihm her. Theo geht schnell.
Linde greift Theo am Ärmel.*

LINDE *wütend:* Hör mal – so was kannste mit deinen
Wichsern im Osten machen, aber nich mit mir!
*Theo reißt sich los und geht stumm weiter. Linde
neben ihm her.*
LINDE He, ich rede mit dir! ... Was bildest du dir ein,
wer du bist!?
*Theo geht stumm, Linde nebenher. Dann versucht
es Linde im guten.*

LINDE Du mußt doch einsehen, daß du mich in 'ne unmögliche Lage bringst... Ich komm mit dem Scheißding hier in die Bank – was soll ich'n da sagen? Wie soll ich denen klarmachen, was mit der Kette passiert is?

THEO *ohne ihn anzusehen:* Sag ihnen, daß du überfallen worden bist und den Räuber in die Flucht geschlagen hast... Dann kriegst du womöglich noch 'ne Belohnung.

Er weiß selbst, daß er Unsinn redet.

LINDE Und das werden die mir glauben? ... So einen hirnrissigen Scheiß werden die mir glauben?!...

Theo antwortet nicht, er geht weiter, Linde daneben.

LINDE Weißt du, was du bist? ... 'n ganz mieser, kleiner, dämlicher Ostarsch...

Theo geht unbeirrt, und Linde bleibt endlich stehen. Er dreht sich schon um, will umkehren; dann überkommt ihn aber noch einmal die kalte Wut. Er schreit Theo hinterher:

LINDE Ihr seid doch viel zu dämlich für 'n Leben in Freiheit! ... Aus euch Ostärschen wird nie was! Nie!

Theo geht. Linde, der endgültig aufgegeben hat, geht auch.

16. Bild
Küche der Grimms

Trude Grimm und Blauhorn sind in der Küche, sie bereiten das Essen. Blauhorn steht am Herd, vor der geöffne-

ten Backröhre, und übergießt einen Braten, daß es
aufdampft. Trude sitzt am Tisch und schneidet ver-
schiedene Obstsorten in eine große Schüssel, für
einen Obstsalat.

TRUDE GRIMM Preßt du mir mal 'ne Zitrone aus?
Blauhorn tut es.

BLAUHORN Wie alt war er, als du 'n zuletzt gesehen
hast?

TRUDE Laß mich mal rechnen ... Einundzwanzig Jahre.

BLAUHORN Ich hab ja keinen Blick dafür, ich hab'n fast
jedes Jahr besucht – hat er sich sehr verändert?

TRUDE Ich finde nich ... Er war damals 'n Ekelpaket,
und er is heute 'n Ekelpaket. Das sag ich aber nur dir,
klar? ... Ich werd mich hüten, mich auf meine alten
Tage mit ihm anzulegen.

BLAUHORN *nach einer Pause:* Und wie findest du seine
Frau? Steffi?

TRUDE Gar nich so übel. Ich glaube, sie hat sich von ihm
längst nich so einschüchtern lassen wie ich von
Benno ... Oder täusch ich mich?

BLAUHORN Nee, eigentlich nich. Harry hat sich mal bei
mir beklagt, daß sie Haare auf'n Zähnen hat.

TRUDE Ich finde, es gibt bei Frauen 'ne Menge Stellen,
wo Haare viel unangenehmer sind als auf'n Zähnen.
Bist du mit der Zitrone fertig?
Blauhorn preßt noch eine Hälfte aus, dann bringt er
ihr den Saft. Sie gießt ihn über den Obstsalat. Blau-
horn sieht bewundernd in die Schüssel.

TRUDE Da kommt noch Amaretto drüber.

BLAUHORN Der sieht aus, als könnte man damit jedem
Westbesuch unter die Augen treten.

TRUDE So soll er ja auch aussehen.

17. Bild
Wohnzimmer der Grimms

Um den Wohnzimmertisch, der zum Essen gedeckt ist, sitzen Grimm, Steinheim, Harry Blauhorn und seine Frau Steffi. Drei Plätze sind noch frei. Harry Blauhorn erzählt Steinheim und Grimm.

HARRY BLAUHORN Mein Glück war der Gesamtdeutsche Sportkalender. *Zu Steinheim:* Weißt du, was das is? *Steinheim schüttelt den Kopf. Fährt fort, doziert:* Irgendwann hat man sich darauf geeinigt, pro Jahr soundsoviel Mannschaften von Ost nach West und umgekehrt zu schicken. Und zwar nich bloß Spitzenleute. Ich glaube sogar, daß unsere – damit mein ich jetzt die Ostseite – viel lieber Nullachtfuffzehn-Vereine nach'm Westen geschickt haben als Supermannschaften. Denn wenn von denen mal einer abgehauen is, das konnten se leichter verschmerzen... Wie ich höre, daß meine Faustballtruppe »BSG Motor Elektrokombinat Groß-Dielitz« zu drei Spielen ins Ruhrgebiet fahren soll, hab ich fast 'n Herzkasper gekriegt...

GRIMM Stand denn sofort für dich fest, daß du abhauen würdest?

HARRY BLAUHORN Von der ersten Sekunde an. Eigentlich stand's schon fünf Jahre vorher fest, ich hatte bloß keine Gelegenheit... Ich war kein sehr guter Spieler, ich war erst kurz vorher in die erste Mannschaft reingekommen, mit Ach und Krach. Ich hatte solche Angst, die könnten mich zu Hause lassen, daß ich 'n Aufnahmeantrag in die Deutsch-Sowjetische

Freundschaft gestellt hab. Und auf 'ner Brigade-
versammlung hab ich so'n ekelhaften Vortrag über
den westdeutschen Revanchismus gehalten, daß mir
selber schlecht davon geworden is. Aber 's muß geholfen haben... So wie mir zumute gewesen is, als
der Bus über die Grenze fuhr, so müßt ihr euch am
9. November gefühlt haben...

STEFFI Was war am 9. November?

GRIMM Da ging's der guten alten Mauer an den Kragen.

STEFFI Oh, Verzeihung!... *Sie hält sich eine Hand vor
den Mund und kichert, als wäre sie sich einer Un-
schicklichkeit bewußt.*

HARRY BLAUHORN *erzählt weiter:* Noch vor dem ersten
Spiel hab ich zu den anderen gesagt: Macht's gut,
Jungs, ihr kommt bestimmt ohne mich aus, das
war's... Da hättste mal unseren Trainer erleben
sollen, der zugleich Delegationsleiter, Aufpasser und
Stimme der Partei war...
*Trude trägt ein großes Tablett herein, auf dem Salat-
schalen und eine große Schüssel mit Salat stehen.
Während ihr Bruder weiterredet, stellt sie auf die
Eßteller, die vor jedem stehen, eine der Schalen. Und
anschließend füllt sie in jede davon Salat.*

HARRY BLAUHORN *weiter:* Zuerst hat er mich vor der
ganzen Truppe beschimpft: Verräter, Überläufer,
gekauftes Subjekt des Klassenfeinds. Ich hab ihm
geantwortet: Schön wär's, wenn der Klassenfeind
mich gekauft *hätte*, leider hab ich keine müde Mark.
Dann hat er's im guten versucht: was ich unserem
Staat alles zu verdanken hätte, ob mein Arbeiterstolz
sich nich dagegen auflehnt, wenn ich mich zum
Handlanger des Imperialismus mache, wo mein

Klasseninstinkt geblieben is. Ich hab gesagt: Ich hab keinen Klasseninstinkt, ich hab nur 'n ganz normalen Instinkt, und der sagt mir: So 'ne Gelegenheit kommt nich wieder...

Blauhorn kommt ungefähr jetzt herein, ohne daß die Erzählung unterbrochen würde. Er bringt einen Korb mit geschnittenem Brot, den er auf den Tisch stellt. Im Gehen bindet er sich ein speckiges Handtuch ab, das er sich nach Köcheart vor den Bauch gebunden hat. Dabei wedelt er es über eine Wand des Anker-Palastes, die folgerichtig einstürzt. Grimm ist der einzige am Tisch, der es bemerkt. Die Umstände zwingen ihn aber zu schweigen.

STEFFI *zu ihrem Mann:* Hat er dir nich auch angeboten, wenn du mit zurückkommst, keinem Menschen ein Wort von der Sache zu sagen?

Harry Blauhorn straft sie mit einem Blick – er möchte nicht von ihr korrigiert werden.

HARRY BLAUHORN Dann kam überhaupt das Schärfste. Er is mit mir rausgegangen, damit wir unter vier Augen waren, und hat angefangen zu jammern: ob ich dran gedacht hätte, was sie mit ihm machen, wenn er ohne mich zurückkommt. Daß er nie wieder 'ne Westreise kriegt, daß sie'n wahrscheinlich als Trainer rausschmeißen, daß ich nich nur mein Leben zerstöre, sondern auch seins. Und er hat mir versprochen, über meinen Fluchtversuch, wie er's nannte, nach unserer Rückkehr zu schweigen wie 'n Fisch. Er wollte mir sein Ehrenwort geben. Dabei war das völliger Schwachsinn, denn alle anderen in der Mannschaft hatten ja mitangehört, was ich gesagt und wie er mich beschimpft hatte...

Trude und Blauhorn haben sich mittlerweile auch hingesetzt, man fängt zu essen an, Brot und Salate.

HARRY BLAUHORN Ihr werdet lachen, irgendwie hatte ich Mitleid mit dem Mann. So abwegig war das nämlich nich, was er sagte: Natürlich würde er 'n mordsmäßigen Ärger kriegen, wenn er ohne mich zurückkam. Aber erstens war das nich meine Schuld, zweitens war er 'n absoluter Widerling, und drittens is jeder sich selbst der Nächste... Aber als ihm endlich klarwurde, daß das Ding gelaufen war, hab ich in seinem Auge 'ne Träne gesehen, und da hat der arme Hund mir leid getan.

TRUDE *beim Essen, wie nebenbei:* Hab ich dir auch leid getan?

HARRY BLAUHORN *verwundert:* Du? Wieso du?

Wir sehen, wie Steinheim seinen Kassettenrecorder aus der Tasche holt, anmacht und auf den Tisch stellt, neben seinen Teller. Von den anderen bleibt das unbeachtet.

TRUDE *weiteressend:* Weil dein Abhauen nicht nur deinen Trainer in Schwierigkeiten gebracht hat, sondern auch mich.

HARRY BLAUHORN In was für Schwierigkeiten?

TRUDE *ohne Vorwurf in der Stimme:* Hast du geglaubt, dein Abhauen würde irgendeinem Trainer angekreidet, aber deiner Schwester nich?

HARRY BLAUHORN Erzähl doch mal – was für Schwierigkeiten?

Trude wechselt einen Blick mit ihrem Mann. Dann sieht sie auf ihren Teller. Während Sie Salat aufspießt, redet sie weiter:

TRUDE Ich war damals im letzten Jahr an der PH...

STEINHEIM *flüstert Grimm zu, um nicht zu stören:* Was bedeutet PH?

GRIMM *flüstert zurück:* Pädagogische Hochschule.

TRUDE ... Einen Tag nach deinem Wegbleiben wurde ich vom Studium suspendiert. Es hat vier Wochen gedauert, bis sie mir geglaubt haben, daß ich nichts davon wußte ...

STEINHEIM Haben Sie wirklich nichts gewußt?

TRUDE Keine Spur ... *Sie erzählt weiter:* Dann durfte ich zu Ende studieren, aber weißt du, um welchen Preis? ... *Zum erstenmal sieht sie während des Berichts ihren Bruder an – der schüttelt den Kopf.* Wir waren damals schon verheiratet, und Theo war schon geboren, also hatte ich so was wie 'n Anspruch auf 'ne Lehrerstelle in Berlin. Aber damit war's jetzt vorbei. Sie schickten mich an 'ne Dorfschule im Oderbruch ... Benno mußte wegen seiner Arbeit in Berlin bleiben. Ich hab Theo nach 'em Oderbruch mitgenommen und bin ledige Mutter geworden.

HARRY BLAUHORN Wie lange ging das?

TRUDE Drei Jahre.

HARRY BLAUHORN Dann konntest du wieder nach Berlin?

TRUDE Ja.

HARRY BLAUHORN Schön is das nich.

TRUDE *eine Spur ironisch:* Da hast du recht ... *Man ißt. Es liegt Bedrücktheit in der Luft.*

HARRY BLAUHORN Ich laß mich hängen, wenn das nich vorwurfsvoll von dir gemeint war ... *Zu seiner Frau:* Das hast du doch auch gehört? ... Oder?

TRUDE Vorwurfsvoll? ... Wie kommst du auf vorwurfsvoll?

HARRY BLAUHORN Bis jetzt is mit meinen Ohren noch
alles in Ordnung gewesen.

TRUDE *aufgeregt:* Ich weiß genau, was ich gesagt habe:
Du hast das getan, was für dich gut und günstig war.
Und genau dasselbe war für mich ziemlich unange-
nehm...

GRIMM *zu Harry Blauhorn:* Is doch korrekt so?... Nebenbei gesagt war die Ehe, aus der Trude für drei
Jahre aussteigen mußte, auch meine Ehe.

HARRY BLAUHORN *höhnisch:* Und das alles hat natürlich nich das allergeringste mit Vorwürfen zu tun?
*Alle essen und sehen auf ihre Teller, bis auf Harry
Blauhorn, der den Blick nicht von seiner Schwester
nimmt.*

TRUDE Ich sage, was ich für richtig halte, und du hörst
raus, was du für richtig hältst. Wie sollte man sonst
mit'nander reden?

HARRY BLAUHORN Und steckt in deinen Worten nich
drin, daß ihr die letzten zwanzig Jahre irgendwie
unter meiner Flucht leiden mußtet?... Denk ich mir
das aus?

TRUDE Ja, das denkst du dir aus.
*Steinheim rückt den auf dem Tisch stehenden Recor-
der ein bißchen zurecht.*

GRIMM Ich finde nich, daß er sich das ausdenkt... Und
es stimmt ja auch... *Harry Blauhorn ins Gesicht:*
Was für dich 'n großer Vorteil gewesen is, hat uns
beide, Trude und mich, ziemlich in die Scheiße gerit-
ten.

HARRY BLAUHORN *theatralisch:* Na klar, jetzt kommen
wir der Sache näher: Ich hab auf eure Kosten gelebt,
stimmt's?... Ich hab euch ins Unglück gestürzt,

stimmt's? Wenn ich nich so egoistisch gewesen wär, hättet ihr 'n zehnmal zufriedeneres Leben führen können, stimmt's?

GRIMM Zehnmal is sicher übertrieben. Aber zweimal oder dreimal könnte hinhauen.

HARRY BLAUHORN Und wenn se euch mal bei 'ner Gehaltserhöhung übergangen haben, dann wegen mir. Is doch klar?

GRIMM Darüber hab ich nie nachgedacht, aber da könnte was dran sein…

HARRY BLAUHORN *zu seiner Frau:* Hast du nich auch das Gefühl, daß wir lieber…
Steinheim redet dazwischen, wie um den Streit zu besänftigen und Blauhorn den Satz nicht zu Ende sprechen zu lassen:

STEINHEIM Warum haben Sie denn nicht vorher darüber gesprochen? …Ich meine, Sie hätten sich doch über solche Aspekte der Angelegenheit rechtzeitig beraten können?
Alle sehen ihn an.

HARRY BLAUHORN *verständnislos:* Wann – vorher? Ich bin heute zum erstenmal hier.

STEINHEIM Nein, nein, ich meine – damals vorher. Bevor Sie in den Westen gegangen sind?

HARRY BLAUHORN Sie machen mir Spaß! Die wären doch die ersten gewesen, die mich verpfiffen hätten! …Hören Sie das nich? Die finden's ja heute noch nich in Ordnung, daß ich rübergemacht bin!

STEFFI *leise zu ihrem Mann, aber doch so, daß alle es hören:* Hör auf jetzt damit!
Ein paar Augenblicke herrscht Stille.

GRIMM Wenn ich nich genau gewußt hätte, daß man

manchmal im Zorn den größten Schwachsinn zusammenredet, würde ich dich jetzt glatt rausschmeißen. *Zu Trude:* Wär doch 'ne angemessene Reaktion?

Trude geht wortlos ins angrenzende Schlafzimmer. Es hat den Anschein, als würde sie gleich losheulen.

HARRY BLAUHORN Das brauchst du nich... *Er steht auf.* Ich hatte gleich 'n Scheißgefühl, als wir über die Grenze fuhren...

Steffi zieht ihn energisch herunter, bis er wieder sitzt.

STEFFI *zu allen anderen:* Zu Hause is er der friedlichste Mensch. Ich kann mir gar nicht erklären, was in den gefahren is...

GRIMM *zu Harry Blauhorn:* Von was für einer Grenze redest du?

HARRY BLAUHORN Von der Zonengrenze. Heute nennt man's die Grenze zu den neuen Bundesländern, aber das wird nie was anderes sein als die Zonengrenze. Nich solange ich lebe.

Der alte Blauhorn steht auf.

BLAUHORN Ich muß mal nach'n Kartoffeln sehen...

STEINHEIM, *schnell:* Lassen Sie, das kann i c h doch machen...

Er steht auf und geht hinaus, nicht darauf achtend, ob sein Angebot Blauhorn auch recht ist. An Steinheims Platz steht nur noch der kleine Kassettenrecorder.

18. Bild
Flur bei Grimms

Steinheim ist aus dem Wohnzimmer gekommen. Er steht neben der Flurgarderobe, lehnt sich an die Wand und stößt die Luft aus, wie nach einer schweren Anstrengung. Aus dem Zimmer hört man Harry Blauhorns erhobene Stimme, ohne ein Wort zu verstehen.

19. Bild
Küche der Grimms

Steinheim kommt in die Küche. Auf dem Herd die Kartoffeln, die überkochen. Nicht schlimm. Steinheim sucht mit Blicken einen Topflappen, der aber nirgends zu finden ist; deshalb hebt er mit den Fingern den Deckel ab. Er läßt ihn sofort wieder los, der Deckel ist zu heiß, er fällt scheppernd auf den Küchenboden. Das Überkochen ist sofort beendet. Steinheim findet eine Gabel. Mit der sticht er in die oberste Kartoffel und kommt offenbar zu dem Schluß, daß die Kartoffeln gar sind – er macht die Platte aus. Dann nimmt er ein Küchenhandtuch statt des Lappens, hebt den Deckel vom Boden auf, legt ihn auf den Topf, geht damit zum Ausguß, gießt die Kartoffeln ab. Theo kommt in die Küche, frisch von draußen.

THEO Haben die Sie heute als Koch eingeteilt?
STEINHEIM *sieht kurz hin:* Ich tu's freiwillig...
  Er geht mit den abgegossenen Kartoffeln zum Herd und dämpft sie auf der noch heißen Platte. Theo

bückt sich zum Backherd und sieht durch die
Scheibe hindurch: der brutzelnde Braten.

THEO Ist Besuch da oder so was?

STEINHEIM Ihr Onkel Harry ist gekommen.

THEO *verblüfft:* Wer? Seit wann hab ich einen Onkel?
Steinheim sieht ihn erstaunt an.

STEINHEIM Im Ernst: Hat man Ihnen nie von dem erzählt?

THEO Ich schwör's Ihnen... Wo kommt er her?

STEINHEIM Ich will keinen Fehler begehen, das geht
mich nichts an. Das sollten Ihnen lieber Ihre Eltern
erzählen.

THEO Aber wo er herkommt, können Sie mir doch
wenigstens sagen? *Er nimmt aus dem Kühlschrank
ein Glas Milch.*

STEINHEIM *ungern:* Aus Bochum.

THEO Was? Plötzlich hab ich einen Westonkel... Den
hätt ich früher gebrauchen können.

STEINHEIM Aber verraten Sie nicht Ihre Quelle...
*Die Kartoffeln sind fertig gedämpft. Er legt den
Deckel wieder auf den Topf, dann wickelt er den
geschlossenen Topf in das Handtuch ein. Das so
entstandene Paket stellt er mitten auf den Tisch,
seine Arbeit ist getan. Unterdessen:*

STEINHEIM Haben Sie Ihre Freundin heute nicht mitge-
bracht?

THEO *ernsthaft:* Von wem sprechen Sie?

STEINHEIM Na hören Sie mal – Beate. Die Liedermache-
rin. Ich kenne keine andere.

THEO An die kann ich mich kaum erinnern. Wir leben in
einer rasenden Zeit. Alles ändert sich – pantha rei...
Draußen auf dem Flur fängt Lärm an.

THEO Ich muß mal meinen Onkel sehen... *Er geht zur Tür.*

20. Bild
Flur bei Grimms

Harry Blauhorn ist aus dem Wohnzimmer gekommen, hinter ihm seine ratlose Frau. Er geht zur Flurgarderobe, wo seine Jacke hängen könnte. Sein Vater Karl Blauhorn kommt hinter ihm her und versucht ihn zurückzuhalten.

KARL BLAUHORN Komm, mach doch nich so'n Scheiß!
  ... Ihr könnt doch nich einfach abhauen!... Trude
  meint das überhaupt nich so, du hast das nur in'n
  falschen Hals gekriegt... *Zu Steffi:* Sag du ihm doch
  was!
  *Theo und Steinheim stehen in der Küchentür, von
  den anderen nicht beachtet.*
STEFFI *zu Blauhorn:* Auf mich hört er nich. Auf ver-
  nünftige Menschen hat der noch nie gehört!... *Zu
  ihrem Mann, wütend:* Aber ich versprech dir – das
  hat 'n Nachspiel! Scheucht mich sechshundert Kilo-
  meter mit'm Zug quer durch Deutschland, ich sitz
  die ganze Zeit mit 'm Rücken zur Fahrtrichtung, daß
  mir jetzt noch schlecht is – und dann so 'n Affenthea-
  ter! Mit mir machst du so was nich noch mal!
  *Sie reißt ihre Jacke von der Garderobe, daß ein paar
  andere Kleidungsstücke, die dort hängen, zu Boden
  fallen. Man hebt sie auf. Derweilen:*

HARRY BLAUHORN Ihr könnt reden, was ihr wollt – i c h gehe! Bloß weil die damals zu feige oder zu bescheuert gewesen sind, auch in'n Westen zu kommen, laß ich mich doch nich anpöbeln!...

Grimm kommt mit einem leeren Teller aus dem Wohnzimmer. Er geht zur Küche.

GRIMM Darf ich mal eben vorbei?...

Er verschwindet in der Küche.

HARRY BLAUHORN Und wenn der sich einbildet, bloß weil ihm irgendwas an der Wiedervereinigung nich paßt – er kann seine Wut an mir auslassen, dann isser genau an den Richtigen geraten. Wo is der Koffer und die Tasche?

THEO *flüstert Steinheim zu:* Is doch 'n heißer Typ, mein Onkel, finden Sie nich?

STEINHEIM *ebenfalls leise:* S e h r heiß...

Ihm scheint etwas einzufallen – er geht eilig ins Wohnzimmer.

KARL BLAUHORN *zu Harry:* Ich finde das große Scheiße von dir. Das Essen is fertig, 'n prima Braten aus der Hinterkeule, hinterher 'n Obstsalat mit Amaretto, von Trude mit Liebe gemacht, und du spielst dich auf wie 'n dicker Westmaxe. Wir sind doch hier nicht bei der Treuhand!...

21. Bild
Wohnzimmer der Grimms

Steinheim am Eßtisch, an dem niemand mehr sitzt, auf dem aber noch alles Geschirr steht (bis auf Grimms

Teller). Er nimmt seinen Recorder und wechselt die Kassette aus, die alte ist voll.

22. Bild
Flur bei Grimms

HARRY BLAUHORN *entschieden:* Ich hab gefragt, wo mein Koffer is! Und die Tasche...

KARL BLAUHORN *zu Theo:* Hol ihm sein Gepäck, 's steht in deinem Zimmer.

Theo sieht Harry Blauhorn in die Augen.

THEO Für meinen Onkel tu ich so was doch gern... *Er geht in sein Zimmer.*

STEFFI *böse auf ihren Mann:* 'ne Schande is das! Dieser Mensch hat 'n Gemüt wie 'ne Topfpflanze!

Grimm kommt aus der Küche. Der Teller in seiner Hand ist voller dampfender Kartoffeln, dazu Soße und ein ordentliches Stück vom Braten.

GRIMM Darf ich mal eben vorbei?

Er geht an allen vorbei ins Wohnzimmer, den Blick gierig auf seinen Teller gerichtet. Steinheim, der nun an der Zimmertür steht, tritt für ihn zur Seite. Er hält in der Hand den Recorder, aber so, daß es nicht jedem gleich auffällt.

HARRY BLAUHORN, *zu seinem Vater:* Du kannst Trude ausrichten, daß sie höflicher empfangen wird, wenn sie uns mal besucht.

KARL BLAUHORN Ich schätze, da pfeift sie drauf.

GRIMMS STIMME, *aus dem Wohnzimmer:* Das stimmt nich: Sie scheißt drauf.

STEFFI *leise:* Würde ich an ihrer Stelle auch...

HARRY BLAUHORN Na großartig: dann sind sich ja alle wieder mal einig...

Theo kommt mit Koffer und Tasche und stellt beides vor Harry Blauhorn ab.

THEO Bitte schön, Onkel...

HARRY BLAUHORN *zu Karl Blauhorn:* Das scheint auch 'n ganz entzückendes Kind zu sein... Könnteste mir wenigstens 'n Taxi rufen? Oder geht so was im Osten nich?

KARL BLAUHORN *schwer gekränkt:* Doch, es geht. Aber Westler werden bei uns in der Sänfte getragen... *Er verschwindet im Wohnzimmer.*

STEINHEIM Ich könnte Sie mitnehmen. Ich muß jetzt auch los...

23. Bild
Wohnzimmer der Grimms

Grimm sitzt am gedeckten Eßtisch, mutterseelenallein, und ißt Braten mit Kartoffeln. Er scheint sich wohl zu fühlen. Karl Blauhorn ist hereingekommen, er ist ans Telefon gegangen, nimmt das Telefonbuch und sucht eine Nummer. Die Tür zum Flur steht offen, aber es ist still dort.

BLAUHORN *zu Grimm:* Weißt du die Taxinummer aus'm Kopf?

GRIMM *mit vollem Mund:* Nee... *Dann so laut, daß er garantiert draußen gehört wird:* Will mein lieber

Schwager tatsächlich schon gehen? Ich fände das
sauschade...

BLAUHORN *zischt leise:* Hör endlich auf zu stänkern!...

GRIMM *weiter laut:* Was meinst du: wenn man sich bei
ihm in aller Form dafür entschuldigt, daß man ihm
die letzten zwanzig Jahre so übel mitgespielt hat –
ob er sich dann noch mal breitschlagen ließe zu
bleiben?

BLAUHORN *zischt:* Du sollst aufhören!...
*Grimm schiebt sich eine gewaltige Portion in den
Mund.*

GRIMM *laut:* Trude hat mir ja viel von ihm erzählt – aber
so angenehm hab ich'n nich erwartet...
*Blauhorn gibt auf und verzichtet auf weitere Beleh-
rungen. Er wählt eine Nummer.*

24. Bild
Fahrt in Steinheims Auto

*Steinheim am Steuer. Neben ihm sitzt Harry Blauhorn,
auf dem Rücksitz Steffi.*

STEINHEIM Ehrlich gesagt, habe ich keine Ahnung, wohin ich Sie fahren soll. Wissen Sie eine Adresse?
Blauhorn dreht sich fragend um zu seiner Frau.

STEFFI *eisig:* Denkst du, ich kenne mich aus in Berlin?
Aber 'n Hotel müßte es schon sein.

STEINHEIM Haben Sie eine bestimmte Vorstellung?

HARRY BLAUHORN Billig und gut.

STEINHEIM Da werden Sie Probleme kriegen: Die Berliner Hotels sind teuer und schlecht... *Nach einer Pause:* Soll ich Sie zum Zimmernachweis bringen?

HARRY BLAUHORN Keine schlechte Idee ... *Er dreht sich wieder nach hinten:* Find'ste nich auch?

STEFFI Weiß nich ...

Sie fahren.

STEFFI *zetert:* Den halben Koffer haben wir voll Geschenke! Die wollten wir morgen auf 'n Frühstückstisch stellen ...

STEINHEIM Das können Sie ja immer noch tun.

STEFFI Da kennen Sie aber meinen Harry schlecht. Eher gibt er das Zeug dem Roten Kreuz.

HARRY BLAUHORN Soweit wird's kommen: Erst schmeißen sie einen raus, dann gibt's zur Belohnung Geschenke!

STEFFI Rausgeschmissen hat uns kein Mensch. Die waren sauer, und dafür hatten sie auch allen Grund.

HARRY BLAUHORN Ich weiß, was 'n Rausschmiß is. Und das w a r einer ...

25. Bild
Schlafzimmer der Grimms

Trude liegt angezogen auf dem Bett, das noch mit der Tagesdecke bedeckt ist. Sie liest eine Illustrierte. Grimm kommt herein.

GRIMM Willst du nich was essen?

TRUDE Nein.

GRIMM Schmeckt wirklich gut. Besser, als du's sonst von deinem Vater gewohnt bist.

TRUDE Ich will nich.

GRIMM *um sie zu überzeugen:* Die sind alle weg.
  Trude läßt die Illustrierte sinken und sieht ihn zum erstenmal an.

TRUDE Was sind die?

GRIMM Weg. Gegangen. Sie schlafen nich hier. Sie sind beleidigt abgezogen.
  Trude steht auf und schlüpft in ihre Schuhe.

TRUDE Warum sagst du das nich gleich? Ich hab 'n Bärenhunger ...
  Karl Blauhorn steckt den Kopf zur Tür herein.

BLAUHORN *zu Trude:* Ißt du nichts?

GRIMM Wir haben das schon ausdiskutiert. Sie kommt.

26. Bild
Wohnzimmer der Grimms

Trude, Karl Blauhorn, Theo und Grimm sitzen am Tisch und essen, Grimm, wie wir wissen, zum zweitenmal. Die übrigen Gedecke stehen noch da, darauf die Salatreste. Auf dem Tisch brennt nun eine Kerze, das Bild könnte an eine Familienfeier erinnern.

TRUDE Warum is unser Dichter auch gegangen?

BLAUHORN Der bringt sie. Wir haben am Telefon kein Taxi gekriegt.

TRUDE Wohin?
  Blauhorn zuckt mit den Schultern.

GRIMM Na, sicher doch in 'n Hotel. Denkst du, er nimmt sie zu sich nach Hause?

THEO Vielleicht tut er das – er is doch hinter Material her. Vielleicht hält er sie für'n besonders ergiebiges Material.

GRIMM Er is hinter Ostmaterial her. Die beiden sind Westmaterial.

TRUDE Die sind irgendwas dazwischen...

Einige Sekunden wird gegessen und genossen.

THEO Findet ihr's nich merkwürdig, daß ich 'n Onkel habe und daß mir das bis heute kein Mensch gesagt hat?

TRUDE *verwundert:* Ehrlich nich?... Dann müssen wir's vergessen haben.

GRIMM *zu Theo:* Wozu hätten wir's dir sagen sollen? Hättest du irgendwas davon gehabt?

THEO Wenn du mir in der Vergangenheit nur solche Sachen gesagt hättest, die für mich nützlich sind, dann hättest du noch nie 'n Wort mit mir reden dürfen.

Grimm sieht ihn mit hochgezogenen Brauen an, dann Blauhorn. Der grinst auf seinen Teller herab.

TRUDE *bevor es Streit gibt:* Als er abgehauen is, warst du zwei und hattest ihn noch nie gesehen. Und als du zur Schule gingst, wär's einfach blöd gewesen, dir zu erzählen, daß du 'n republikflüchtigen Onkel hast. So 'n Vorteil war das ja nun auch nich.

THEO Und danach? Ich bin ja nich ewig zur Schule gegangen.

TRUDE Da hatte ich's tatsächlich vergessen... *Spöttisch:* Weißt du, wenn man auf die Dreißig zugeht, is ein Onkel mehr oder weniger keine Existenzfrage mehr. Vor allem dann nich, wenn man ihn nich kennt.

GRIMM *ergänzt:* Und wenn er 'n Arschloch is.

THEO Okay, das überzeugt mich...

Wieder wird ein paar Sekunden nur gegessen.

BLAUHORN *zu Theo:* Holste mir mal 'n Bier?

Theo steht widerspruchslos auf und geht.

GRIMM Mir auch.

Theo verschwindet nach draußen.

GRIMM So abwegig is das gar nich, was Theo sagt... Vielleicht nimmt Steinheim die beiden wirklich zu sich... Und zwar nich aus Menschenfreundlichkeit, sondern um sie auszuhorchen. Und zwar über wen?

TRUDE *die das für Unsinn hält:* Über uns?

GRIMM Richtig. Und was dein Bruder ihm dann erzählt, kannst du dir ja wohl denken.

TRUDE Gar nichts wird er ihm erzählen. Er weiß nichts über uns.

GRIMM *weise:* Um einen zu verleumden, muß man nichts über ihn wissen...

Theo kommt zurück und stellt vor seinen Großvater und seinen Vater je eine Flasche Bier.

27. Bild
Fahrt in Steinheims Auto

In einer Seitenstraße, über einer Ladentür, leuchtet im Dunkeln eine Schrift: Zimmernachweis. *Vor dem Laden steht Steinheims Auto, darin sitzen Steinheim und*

Steffi Blauhorn. Der Sitz neben Steinheim ist leer, sie warten.

STEFFI Ich wollte Sie das vorhin schon fragen: Warum haben Sie bei den Grimms immerzu einen Recorder laufen lassen? Sind Sie Reporter oder so was?

STEINHEIM *lächelt:* Eher so was. Ich bin Schriftsteller... Ich sammle Material für eine Fernsehserie.

STEFFI *perplex:* Mein Gott, das is ja aufregend! Sie schreiben 'ne Fernsehserie über meine Schwägerin und ihren Mann? Harry wird platzen, wenn er das hört! Nich vor Neid oder so, sondern weil er da jetzt weg is. Er bleibt immer auf der Straße stehen, wenn was los is!

STEINHEIM Nein, nein, Sie sehen das falsch. Ich schreibe nicht über die Grimms. Mein Thema sind die Schwierigkeiten...
Von beiden unbemerkt, ist Harry Blauhorn aus der Zimmervermittlung gekommen und macht in diesem Augenblick die Wagentür auf. Steinheim unterbricht sich und sieht zu ihm. Blauhorn läßt sich auf den Beifahrersitz fallen.

STEFFI Und?... Mach's nich so spannend. Gibt's keine Zimmer?

HARRY BLAUHORN Doch, Zimmer gibt's wie Sand am Meer. Aber keins unter hundertfuffzig Mark! Die sind doch nich mehr zu retten!

STEFFI Wenn du das gewußt hättest, wärst du vorhin 'n bißchen friedfertiger gewesen, stimmt's?

HARRY BLAUHORN *ärgerlich:* Red nich so'n Stuß! Wenn wir eine Woche bleiben, wie wir's vorhatten, dann kostet allein das Hotel mehr als tausend Mark. Das sind zwei Wochen Mallorca – willste so mit dem Geld rumschmeißen?

STEFFI Ich?...Wie kommst du auf mich?...Hab ich mich mit diesen Menschen verkracht? War ich die beleidigte Leberwurst und bin abgehauen?

HARRY BLAUHORN Hör auf zu keifen und sag lieber, was wir tun sollen.

STEFFI Geh zurück oder ruf an und entschuldige dich... Das wär nicht nur billiger, sondern ich fänd's auch richtig.

HARRY BLAUHORN *zu Steinheim:* Hören Sie sich das an!... *Zu Steffi:* Kommt überhaupt nich in Frage! Eher setz ich mich in'n Zug und fahr auf der Stelle wieder nach Hause!

STEFFI *hat das Streiten satt:* In Ordnung, dann fahren wir nach Hause!... *Zu Steinheim:* Sind Sie so freundlich und bringen uns zum Bahnhof?

STEINHEIM Ist das wirklich Ihr Ernst?

Steffi schweigt. Steinheim sieht Blauhorn an.

HARRY BLAUHORN *nach wenigen Sekunden:* Ich kann da nich wieder hin!... Von Selbstachtung hat meine Frau nämlich noch nie was gehört.

STEFFI *beherrscht:* Was willst du denn noch? Ich bin ja bereit, sofort nach Hause zu fahren... Bloß vorher möchte ich was essen. Ich hab Hunger, weil ein Wahnsinniger mich gezwungen hat, vom Eßtisch aufzustehen, bevor ich noch mit'm Salat fertig war. *Pause.*

STEINHEIM *zu Blauhorn:* Wollen Sie es sich nicht noch mal überlegen?

STEFFI Der hat sich noch nie was überlegt. Überlegen is nich seine Stärke...

Dicke Luft. Steinheim läßt den Motor an und fährt los. Nach einigen Metern:

STEINHEIM Ich mache Ihnen einen Vorschlag: Ich bringe Sie jetzt zu einer hübschen Kneipe, nicht teuer. Dort können Sie etwas essen und trinken, und Sie können sich die ganze Sache noch mal in Ruhe überlegen. Es gibt dort bestimmt auch ein Telefonbuch – wenn Sie wollen, können Sie noch ein paar Pensionen anrufen. Der Zimmernachweis weiß auch nicht alles... Ich muß jetzt leider nach Hause. Aber ich würde später noch mal vorbeikommen und nach dem Rechten sehen... Was halten Sie davon?

Bevor ihm geantwortet wird, scheint er schon entschlossen – er biegt um eine Ecke.

28. Bild
Berliner Straße

Steinheims Auto kommt um die Straßenecke gebogen und fährt zügig davon.

29. Bild
Wohnzimmer Steinheims

Lucie Steinheims Eltern sind zu Besuch gekommen. Man ist längst mit dem Abendessen fertig, sitzt am Sofatisch und trinkt Wein. Die Eltern sind, man sieht es auf den ersten Blick, vornehme Menschen. Der Vater, Herr

Lindner, ein Notar, trägt eine Fliege zum dunklen An-
zug, er ist Ende Sechzig; seine Gattin, Anfang Sechzig,
sollte für eine Frau ihres Alters auffällig geschminkt sein.
Lucie hat schlechte Laune und ihre Eltern, wie sich bald
herausstellt, auch. Schuld daran ist das Fehlen Stein-
heims. Lucie sieht auf ihre Uhr.

LUCIE Es tut mir leid, ich kann euch beim besten Willen
nicht sagen, wo er bleibt. Er müßte längst hier sein.

FRAU LINDNER Weiß er überhaupt, daß wir verabredet
sind?

LUCIE Das will ich hoffen.

FRAU LINDNER Ich erinnere mich: Als wir das letztemal
bei euch waren, mußte er ganz plötzlich verreisen.

LUCIE Irrst du dich da nicht, Mama?

FRAU LINDNER Nein, ich irre mich nicht.

HERR LINDNER Es war nicht Lucies Mann, der damals
verreisen mußte, sondern der ihrer Schwester So-
phie.

FRAU LINDNER Tatsächlich?... Dann irre ich mich vielleicht doch... *Zu Lucie:* Trotzdem kannst du Anton
ausrichten – er heißt doch wenigstens Anton?

LUCIE Ja, Mama.

FRAU LINDNER ... daß ich sein Verhalten ziemlich
schockierend finde... *Zu ihrem Mann:* Oder hältst
du das für übertrieben?

HERR LINDNER Höchstens ein wenig.

LUCIE Warum kannst du es ihm nicht selbst sagen? Das
wäre viel wirkungsvoller.

FRAU LINDNER Erstens möchte ich um nichts in der Welt
als zeternde Schwiegermutter auftreten, zweitens
werden wir in wenigen Minuten gehen.

Lucie sieht wieder auf die Uhr.

LUCIE So spät ist es wirklich nicht. Ihr könnt getrost noch etwas bleiben. Ihr besucht auch mich, nicht nur ihn.

HERR LINDNER Deine Mutter legt Wert auf eine kleine Demonstration, mein Kind, und irgendwo ist das auch richtig. Nimm das nicht persönlich...

LUCIE Ich werd's versuchen...

30. Bild
Flur in Steinheims Wohnung

Im Flur der Wohnung brennt Licht, doch es ist kein Mensch dort. Die Jacken oder Mäntel an der Garderobe, bei kaltem Wetter womöglich ein Pelzmantel der Mutter. Die Zimmertür ist angelehnt, man kann durch einen Spalt hineinsehen, und man hört leise Stimmen:

STIMME VON HERRN LINDNER Habt ihr einen Kognak im Haus?

LUCIE Na klar...
   Schritte.

STIMME VON FRAU LINDNER Aber bitte nur einen kleinen...

STIMME VON HERRN LINDNER Hältst du mich immer noch für minderjährig?

STIMME VON FRAU LINDNER Nein, mein Lieber, aber für äußerst unvernünftig...
   Unterdessen ist die Wohnungstür aufgeschlossen worden. Steinheim kommt herein. Drei Schritte geht

er unbefangen in den Flur, dann fällt sein Blick auf
die angelehnte Zimmertür. Sofort verharrt er.

STIMME VON FRAU LINDNER Wir haben gehört, er
schreibt an einer Fernsehserie? Das ist doch hoffentlich ein Irrtum?

LUCIE Nein, Mama, es stimmt.

STIMME VON HERRN LINDNER Was habe ich dir gesagt!
Dem Burschen ist alles zuzutrauen.

STIMME VON FRAU LINDNER Und warum hast du ihn
nicht davon abgehalten?

STIMME VON LUCIE Warum hätte ich das tun sollen? Ich
habe ihm zugeredet...

Es tritt eine Gesprächspause ein. Steinheim schleicht
zu dem Türspalt und wirft einen vorsichtigen Blick
ins Zimmer.

STIMME VON HERRN LINDNER Bist du nicht der Ansicht,
mein Kind, daß es gewisse Arbeiten gibt, die mit den
Regeln der Seriosität nicht vereinbar sind?

STIMME VON FRAU LINDNER Entschuldigt mich bitte
einen Moment...

Steinheim springt zur Seite und versteckt sich in
einer Nische neben der Garderobe. Einen Augen-
blick später kommt Frau Lindner aus dem Zimmer.
Sie bleibt dicht neben Steinheim, der sie sieht, stehen,
vor dem Garderobenspiegel. Sie reißt den Mund
weit auf, steckt einen Finger hinein und sucht etwas
zwischen ihren Zähnen. Sie wird mehr oder weniger
fündig. Als sie fertig ist, schnipst sie das Gefundene
irgendwohin in die Gegend, dann geht sie ins Bad
und schließt die Tür hinter sich.

STIMME VON HERRN LINDNER *leise:* Los, noch einen
Kleinen! Schnell!

STIMME VON LUCIE Wenn du wüßtest, wieviel Geld er dafür kriegt, würdest sogar du diese Arbeit für seriös halten...

STIMME VON HERRN LINDNER Danke, mein Schatz...
Offenbar hat Lucie ihm einen weiteren Kognak gegeben, er trinkt. Dann hören wir ihn schrecklich loshusten, ein kleiner Hustenanfall, wie ihn alte Männer hin und wieder bekommen. Steinheim nutzt die Gelegenheit. Er verläßt sein Versteck, schleicht zur Wohnungstür, öffnet sie so leise wie möglich, verläßt die Wohnung, zieht die Tür hinter sich zu.

31. Bild
Fahrt in Steinheims Auto

Steinheim am Steuer seines Wagens. Er scheint gute Laune zu haben.

STEINHEIM *vor sich hin:* Das nenn ich – dem Tode knapp entronnen...
Beim Fahren nestelt er aus seiner Jackentasche den Kassettenrecorder und legt ihn auf den Beifahrersitz. Er drückt auf eine Taste. Wir hören, in nicht sehr guter Qualität, die Kassette:

STIMME VON HARRY BLAUHORN Du kannst Trude ausrichten, daß sie höflicher empfangen wird, wenn sie uns besucht.

STIMME VON KARL BLAUHORN Ich schätze, da pfeift sie drauf.

STIMME VON GRIMM *leise:* Das stimmt nich: Sie scheißt drauf.

STIMME VON STEFFI Würde ich an ihrer Stelle auch...

STIMME VON BLAUHORN Na großartig: dann sind sich ja alle wieder mal einig!...

STIMME VON THEO Bitte schön, Onkel...

STIMME VON HARRY BLAUHORN Das scheint auch 'n ganz entzückendes Kind zu sein... Könntest du mir wenigstens 'n Taxi rufen? Oder geht so was im Osten nich?

Die ganze Zeit sieht Steinheim vergnügt aus.

32. Bild
Kneipenrestaurant in Ost-Berlin

Dasselbe Lokal, das wir aus der letzten Folge schon kennen. Es ist gut besucht, maßvolle Musik vom Tonband, Stimmen. Steinheim kommt herein. Er bleibt bei der Tür stehen und sieht sich suchend um. Beate, die immer noch als Serviererin hier arbeitet und mit einem Tablett vorbeikommt, erkennt ihn. Sie bleibt stehen.

BEATE Falls Sie Theo suchen – der wohnt hier nich mehr.

Steinheim orientiert sich sofort.

STEINHEIM Ich habe schon gehört, daß Sie nicht mehr zusammen sind. Tut mir sehr leid.

BEATE Mir nich.

Sie geht weiter. Steinheim findet, wen er sucht – er

*geht zu einem Tisch, an dem Steffi Blauhorn allein
sitzt und ißt, etwas Berlinisches wie Kohlroulade
oder Eisbein. Man hat den Eindruck, daß sie hübscher aussieht als zuvor, besser geschminkt und auch
anders frisiert.*

STEINHEIM Darf ich?

*Steffi, die ihn nicht hat kommen sehen und gerade
den Mund voll hat, zeigt auf einen Stuhl. Steinheim
setzt sich lächelnd.*

STEINHEIM Wo ist Ihr Mann?

STEFFI *nachdem sie heruntergeschluckt hat:* Er mußte
zum Hotel. Wir haben am Telefon eins gefunden,
genau wie Sie gesagt haben. Fünfundneunzig Mark,
aber 'n bißchen weit draußen. Wenn er nich gleich
hingefahren wär, hätten sie's anderwärts vergeben... Find ich toll, daß Sie wieder da sind...

STEINHEIM Warum sind Sie nicht mitgefahren?

STEFFI Wegen Ihnen und wegen dem hier... *Sie zeigt
auf ihren Teller, der beinah leergegessen ist.* Ich hatte
ehrlich Hunger...

*Ein volles Glas Bier steht vor ihr, sie trinkt einen
ordentlichen Schluck. Plötzlich wirkt sie auch viel
selbstbewußter, plötzlich hat man den Eindruck,
sie sei kein Kind von Traurigkeit: eine Frau aus
der Provinz, die in der Großstadt etwas erleben
will.*

STEINHEIM Kommt er wieder her?

STEFFI Das wollen wir doch nich hoffen... *Sie kichert,
wie wir es von ihr schon kennen. Steinheim sieht sie
verwundert an.*

STEFFI *nun ernsthaft:* Ich glaub's nich. Wenn's abends
auf zehn zugeht, wird er meistens ziemlich müde.

STEINHEIM Und Sie? Fahren Sie nach dem Essen gleich
    zu ihm?
    Steffi blickt ihm tief in die Augen, und nach zwei,
    drei Sekunden schüttelt sie verführerisch den Kopf.
    Steinheim ist irritiert.
STEINHEIM Wo ist Ihr Hotel?
    Steffi schiebt ihm einen Bierdeckel über den Tisch,
    auf den die Adresse geschrieben ist. Steinheim liest.
    An ihren Tisch setzt sich Beate.
BEATE Was darf ich dem Herrn bringen?
    Steffi ist erkennbar befremdet, denn sie weiß nicht,
    daß Beate und Steinheim sich kennen.
STEINHEIM *zu Beate:* Haben Sie vergessen, was für Är-
    ger Sie mit Ihrem Chef beim letztenmal kriegten, als
    Sie sich zu uns an den Tisch gesetzt haben?
BEATE Inzwischen haben wir 'n neuen Chef. Der hat 'ne
    andere Strategie: Wir sollen die Gäste persönlicher
    bedienen.
STEINHEIM Was ist dem alten Chef passiert? Pleite?
BEATE Liegt auf der Intensivstation: Herzinfarkt. Hat
    sich immer so unmäßig aufgeregt.
STEINHEIM Ich trinke auch ein Bier...
    Beate steht auf. Sie deutet auf den Teller Steffis.
BEATE Fertig?
    Steffi trinkt gerade ihr Bierglas leer.
STEFFI Ja. Und noch 'n Bier.
    Beate nimmt Teller und Glas und geht davon.
STEFFI Aufdringliche Person...
STEINHEIM Bis vor kurzer Zeit war sie Theos Freun-
    din.
STEFFI Theo?
STEINHEIM Der Neffe Ihres Mannes.

STEFFI Ach ja, richtig... *Sie öffnet ihre Handtasche, nimmt eine Puderdose, betrachtet sich im Spiegel, vor allem die Lippen.* Wissen Sie, daß ich zum erstenmal in Berlin bin?

STEINHEIM Ich war auch noch nie in Bochum.

STEFFI Das is ja wohl 'n Unterschied.

STEINHEIM Kein so großer, wie Sie vielleicht glauben.

STEFFI *verwegen:* Das werde ich in dieser Nacht rauskriegen... *Sie sieht sich unternehmungslustig um.*

STEINHEIM *wirkt ein wenig erschrocken, seine Gedanken:* Um Himmels willen! Diese Provinzgurke erwartet doch nicht etwa, daß ich ihr Berlin bei Nacht zeige...

STEFFI Bei uns is abends auch ganz schön was los, aber an jeder Ecke trifft man 'n Bekannten. Und Harry is gerade in d e r Beziehung etwas altmodisch... *Ein bedeutungsvoller Blick trifft Steinheim.*

STEINHEIM Ich glaube, ich verstehe, was Sie meinen... *Steffi hat die Puderdose zurück in die Handtasche getan und statt dessen eine Zigarettenschachtel herausgeholt, irrsinnig lange Damenzigaretten. Eine davon zieht sie aus der Schachtel und hält sie zwischen den Fingern, wie sie es von Illustriertenfotos kennt.*

STEFFI Hätten Sie mal Feuer?

STEINHEIM Moment... *Er steht auf und geht in Richtung Theke. Als er dort ankommt, räumt Beate gerade schmutzige Gläser von ihrem Serviertablett ins Wasserbecken mit dem endlos laufenden Wasserstrahl.*

BEATE Ihr Bier is gleich fertig.

STEINHEIM Ich brauche Streichhölzer...

Beate trocknet sich die Hände an ihrer Schürze ab.
Sie sieht kurz zu Steffi.

BEATE Is das Ihre Frau?

Der Gedanke amüsiert ihn.

STEINHEIM Es ist die Frau vom Onkel von Theo.

BEATE Der Mann, mit dem sie vorhin reingekommen is,
war Theos Onkel?

STEINHEIM Richtig.

Beate nimmt aus einer Schublade eine Schachtel
Streichhölzer und gibt sie ihm.

BEATE Die is wild entschlossen, heute nacht was zu erleben. Ich hab einen Blick für so was.

STEINHEIM *unernst:* Was Sie nicht sagen!

Beate fängt an, die Gläser zu spülen.

BEATE Hoffentlich können Sie ihr das bieten, was sie
erwartet...

Steinheim geht wieder weg.

33. Bild
Eine Ostberliner Straße

Die Straße vor dem Lokal, menschenleer um diese Zeit.
Ein Taxi hält vor dem Haus. Der Fahrer, ein älterer
Mann, wartet einen Augenblick, offenbar ist er bestellt.
Weil er keinen Menschen sieht, hupt er zwei-, dreimal.
Von irgendwoher hört man eine ärgerliche

FRAUENSTIMME Ruhe da unten!...

TAXIFAHRER *vor sich hin:* Halt die Fresse...

Aus dem Kneipenrestaurant kommt Steinheim mit Steffi. Auf den ersten Blick erkennt man, daß sie schwer betrunken ist. Das Laufen fällt ihr schwer, sie hat einen Arm um Steinheims Hals gelegt, als Gehhilfe. Steinheim erreicht mit ihr das Taxi, von innen wird die Tür geöffnet. Er hievt Steffi, die ohne Grund kichert, mit Mühe auf den Rücksitz.

STEFFI Wohin entführen Sie mich? ...

Steinheim wirft dem Fahrer einen entschuldigenden Blick zu.

TAXIFAHRER Hilflose fahr ick am liebsten ... *Dann sieht er, daß Steinheim nicht mit einsteigt, sondern die Tür von außen zumacht.* Wat denn, kommen Sie als Begleitperson nich mit?

STEINHEIM Bringen Sie die Dame bitte zu ihrem Hotel.

TAXIFAHRER Und det wäre?

Steinheim sucht etwas in seiner Tasche. Steffi wirft ihm durchs Fenster eine Kußhand zu. Er findet den Bierdeckel mit der Adresse und reicht ihn dem Fahrer. Der liest.

TAXIFAHRER Det is ja det nächste Ende ...

STEINHEIM *leicht gereizt:* Fahren Sie nur kurze Strekken?

TAXIFAHRER Hat die ooch jenuch Jeld? Det kostet mindestens fünfunddreißich Mark ...

Steinheim holt Geld aus der Tasche und gibt dem Fahrer zwei Zwanzigmarkscheine.

TAXIFAHRER Hoffentlich hab ick nachher keene Reinijungskosten ...

Steinheim verzieht den Mund und gibt ihm noch einen Zehner, dann blickt er ein letztesmal in den Wagen. Steffi hat die Arme auf der Lehne des Vor-

*dersitzes verschränkt, den Kopf daraufgelegt und
scheint zu schlafen. Das Taxi fährt los und davon.
Steinheim sieht zur Tür des Lokals. Dort steht Beate,
wer weiß, wie lange schon.*

BEATE Noch 'n Bier?

*Steinheim nickt. Er wischt sich mit der flachen Hand
den Schweiß von der Stirn und geht dabei zur Tür.*

5. *Folge*
Stasi für Anfänger

Personen

Benno Grimm
Trude, *seine Frau*
Ein Mann
Sekretärin des Filmproduzenten Meister
Karl Blauhorn, *Trudes Vater*
Taxifahrer
Eugen Meister, *Filmproduzent*
Anton Steinheim
Langhans, *Schauspieler*
Elli Langhans, *seine Tochter*
Lucie Steinheim
Eine Konzertbesucherin
Ein Junge

1. Bild
Supermarkt

Wir sind in einem Supermarkt in Ost-Berlin, was sich nicht darin ausdrückt, daß die Regale weniger üppig gefüllt sind, sondern daß mehr ostdeutsche Produkte angeboten werden als im Westen. Benno Grimm und Trude gehen durch die Gänge; Grimm schiebt einen Einkaufswagen, der zu Beginn leer ist, am Ende aber einigermaßen gefüllt sein könnte. Ohne daß darüber gesprochen wird, nimmt einer von beiden immer wieder etwas aus einem Regal und legt es in den Wagen. Einmal hält Trude ihrem Mann etwas hin, zur Prüfung – er schüttelt den Kopf, darauf stellt sie es zurück. Und einmal legt Grimm etwas in den Wagen, was seine Frau, nachdem sie auf den Preis gesehen hat, wieder herausnimmt. Er akzeptiert das. Das folgende Gespräch wird daher mit den entsprechenden Pausen geführt.

GRIMM *nach ein paar Sekunden, beiläufig:* Kennst du jemand, der früher für die Stasi gearbeitet hat?

TRUDE Wahrscheinlich jede Menge. Ich weiß es bloß nich.

GRIMM Nützt mir nichts. Ich brauche Namen und Adresse.

TRUDE Darf man auch wissen wozu?

GRIMM Unser Schriftsteller hat mich gefragt, ob ich ihn nich mit irgend jemand von der Stasi zusammenbringen könnte ... Er sagt, wenn er mehr über die DDR erfahren will, gehört das unbedingt dazu.

TRUDE *ergänzt:* was ja nich so einfach von der Hand zu weisen is ...

GRIMM Hat es an deiner Schule nich welche gegeben?

TRUDE Darauf kannst du wetten. Aber soll ich dir jemanden nennen, dem es nachgesagt wird oder von dem ich's weiß? Von der einen Sorte kenne ich hundert, von der anderen keinen einzigen…

Grimm nickt sorgenvoll, er kennt das Problem.

TRUDE Was is mit deinem alten Betrieb? … Da wird's doch auch 'n paar Hauptamtliche gegeben haben?

GRIMM 'n paar? So viel Haare hab ich nich auf'm Kopf.

TRUDE Und die taugen alle nich für den Dichter?

GRIMM Taugen würden sie schon. Sie haben sich nur nich bei mir vorgestellt. Genau dasselbe wie an deiner Schule…

Dann stehen sie in einer Schlange an der Kasse an, mit gefülltem Wagen.

GRIMM Bei dreien bin ich mir sogar absolut sicher, daß sie bei der Stasi waren. Aber die würden mich glatt verklagen, wenn ich das heute laut behaupte… Das macht mich an diesem Scheißwesten ganz krank: Entweder du kannst so was haarklein beweisen, oder du mußt die Klappe halten.

Ein Mann vor ihm in der Reihe dreht sich zu ihm um.

DER MANN Geht mir ganz genauso.

2. Bild
Schlafzimmer der Grimms

Beide liegen im Bett. Nur auf Grimms Seite brennt noch die Nachttischlampe. Er liest ein Buch – Trude scheint zu schlafen. Plötzlich richtet sie sich auf.

TRUDE Ich hab 'ne Idee!...

GRIMM *ohne mit dem Lesen aufzuhören:* Glaub ich nich.

TRUDE Der Vater einer Schülerin aus meiner Klasse is Schauspieler...

GRIMM, *uninteressiert:* Und die Idee?

TRUDE Er is arbeitslos...

GRIMM Ich bin auch arbeitslos. So originell kann ich das nich finden.

Trude läßt sich von seinen dummen Bemerkungen nicht irritieren.

TRUDE Ich glaube, er is ein g u t e r Schauspieler. Zumindest behauptet das 'ne Kollegin, die ihn mal im Theater gesehen hat.

GRIMM Sag mal – was s o l l das?

TRUDE Wenn wir diesen Mann bitten – er heißt übrigens Langhans –, unserem Dichter einen Stasi-Menschen vorzuspielen – wär damit nich allen geholfen?... Er würde ihm dasselbe sagen, was ihm der Stasi-Typ auch sagen würde, wahrscheinlich sogar mehr, denn er hat ja nichts zu verbergen... Und ob er 'n echter IM oder so gewesen is, darauf kommt's w i r k l i c h nich an...

Grimm sieht sie an und sieht gar nicht mehr so skeptisch aus, er scheint Gefallen an dem Gedanken zu finden. Es vergeht eine kleine Pause.

TRUDE Na?

GRIMM Kennst du ihn gut?

TRUDE Von 'n paar Elternversammlungen.

Grimm überlegt.

TRUDE Ich kann natürlich nich versprechen, daß er's macht. Aber wenn du willst, rede ich mit ihm...

GRIMM Nehmen wir an, er macht's tatsächlich: Wie
kommst du darauf, daß er's umsonst macht? ... Als
Arbeitsloser? ...

*Trude zuckt mit den Schultern, offenbar sieht sie ein,
daß der Einwand nicht aus der Luft gegriffen ist.*

GRIMM Hübscher Gedanke, aber etwas weltfern, wie's
deine Art is ...

*Er macht ein Eselsohr in sein Buch, klappt es zu, legt
es auf den Nachttisch, seine Brille daneben.*

TRUDE Könnte man ihm nicht ein bißchen geben?

GRIMM Ein bißchen? ...Gibt es was Geldgierigeres als
Schauspieler? Glauben die nich immer, sie könnten
mit jedem Satz, den sie sagen, Millionär werden? ...
*Er macht auf seiner Seite das Licht aus, so daß es nun
vollkommen dunkel ist.* Vergiß es ...

3. Bild
Wohnzimmer der Grimms

*Der nächste Morgen. Die Vorhänge sind noch zugezo-
gen, es ist also nur mäßig hell im Zimmer. Das Telefon
klingelt, während wir die unbewegte Totale des Wohn-
zimmers sehen. Nach dem dritten Klingeln kommt
Grimm aus dem Schlafzimmer, im Pyjama. Er geht zum
Telefon und nimmt den Hörer ab.*

GRIMM Ja?

FRAUENSTIMME AUS DEM HÖRER Hier Prussia-Filmpro-
duktion, Herr Grimm?

GRIMM Ja?

FRAUENSTIMME Gut, daß ich Sie noch erwische. Herr Meister läßt fragen, ob Sie den heutigen Termin um eine Stunde verschieben könnten?

GRIMM *ahnungslos:* Den heutigen Termin?

FRAUENSTIMME Sie sind doch um zehn mit Herrn Meister verabredet?

Grimm sieht auf eine Uhr, die neben dem Telefon steht – sie zeigt Viertel nach neun an.

GRIMM Wer hat das mit mir vereinbart?

4. Bild
Vorzimmer der Prussia-Film

Die Sekretärin des Filmproduzenten Meister telefoniert mit Grimm.

SEKRETÄRIN *in den Hörer:* Nicht mit Ihnen. Vorgestern habe ich mit einem Herrn gesprochen, der's Ihnen ausrichten wollte.

Kleine Pause. Ein zweites Telefon auf dem Schreibtisch klingelt. Die Sekretärin hebt ab.

SEKRETÄRIN *in den zweiten Hörer:* Sekündchen bitte...

GRIMMS STIMME Ja, jetzt fällt's mir wieder ein, entschuldigen Sie...

SEKRETÄRIN Ich glaube, der Herr hieß Blaubart oder so ähnlich.

GRIMMS STIMME Ja, alles klar, Blaubart. Wann soll ich da sein?

SEKRETÄRIN Um elf, wenn es Ihnen recht ist.

GRIMMS STIMME Punkt elf steh ich auf der Matte.
SEKRETÄRIN Herr Meister wird sich freuen. Auf Wiedersehen, Herr Grimm.

5. Bild
Wohnzimmer der Grimms

*Grimm legt gerade den Hörer auf. Einen Augenblick
steht er bewegungslos da.*

GRIMM Karl Blauhorn, jetzt geht's dir an den Kragen ...
*Er geht in seinem Pyjama aus dem Zimmer wie
einer, der im Begriff ist, einen Mord zu begehen.*

6. Bild
Blauhorns Zimmer

*Das Radio spielt, eine dieser unerträglichen fröhlichen
Morgenmusiken. Karl Blauhorn liegt noch im Bett, das
heißt, er sitzt. Auf einem Tablett vor ihm steht ein Früh-
stück, das er gerade ißt – ein Mensch, der es sich gut-
gehen läßt. Grimm reißt die Tür auf, kommt herein und
bleibt vor dem Bett stehen.*

BLAUHORN *beim Essen:* Könntest ruhig anklopfen ...
Grimm sagt nichts, noch nicht.
BLAUHORN Kannst dir 'ne Tasse holen. In der Kanne is
noch 'n bißchen Kaffee.

Grimm macht das Radio aus. Blauhorn sieht hin,
wahrscheinlich ahnt er, daß Ärger bevorsteht.

BLAUHORN Ich laß mich hängen, wenn du nich irgendwas auf'm Herzen hast...

GRIMM *beherrscht:* Wenn ich jetzt nich losbrülle oder
dir an die Gurgel geh, dann nur, weil ich mich so gut
beherrschen kann...

BLAUHORN Das kenn ich nich anders von dir. Was is
los?

GRIMM Eben krieg ich 'n Anruf, daß der Termin, den ich
heute für zehn Uhr hatte, auf elf verlegt worden is...

BLAUHORN Und deswegen bist du so sauer?

GRIMM Bis vor zwei Minuten hab ich nich gewußt, daß
ich heute überhaupt 'n Termin hatte...

BLAUHORN Hat jemand was verschusselt?

GRIMM Das is richtig...

BLAUHORN *nachdem Grimm nicht weiterredet:* Und
zwar wer?

GRIMM Karl Blauhorn, ab sofort is mein Telefon für
dich gesperrt. Klar?... Du bist zum Telefonieren
nich geeignet.
Er macht kehrt und geht aus dem Zimmer. Blauhorn
beißt gleichmütig von seinem Brot ab, als machte
ihm der Streit nichts aus. Noch einmal geht die Tür
auf – Grimm.

GRIMM Hat die Sekretärin von Meister gesagt, warum
er sich mit mir treffen will?

BLAUHORN Hab ich vergessen. Fällt mir vielleicht wieder ein, wenn du dich für diesen unwürdigen Auftritt
entschuldigt hast.

GRIMM Du befindest dich in Lebensgefahr – is dir das
klar?

Blauhorn nimmt von seinem Nachttisch einen Wek-
ker und sieht darauf.
BLAUHORN Und wenn du weiter so'n dämliches Zeug
redest, schaffst du nich mal den Termin um elf.

7. Bild
Fahrt im Taxi

Zum erstenmal sehen wir Grimm in weißem Hemd und
mit Krawatte. Er starrt auf das Taxameter, das, wie ihm
scheint, in rasendem Tempo klettert. 14,80 – 15,00 –
15,20 Mark.

GRIMM Sind Sie sicher, daß das Ding richtig anzeigt?
FAHRER *ohne den Kopf zu wenden:* Der Taxameter? ...
Is geeicht. Da kommt unsereins gar nich ran.
GRIMM *mißtrauisch:* Sie meinen, nich auf legale
Weise...?
Jetzt sieht der Fahrer kurz nach hinten, schweigt
aber zu dieser Unverschämtheit. Das Taxameter
springt von 15,80 auf 16,00 Mark.
FAHRER Ich bin selbst 'n Ostler...
Grimm wartet drei Sekunden auf die Fortsetzung.
Dann:
GRIMM Und weiter?
FAHRER Alle Ostkunden staunen, wie schnell das Ding
steigt... *Er klopft auf das Taxameter.* Und *ich*
staune, wie wenig trotz dem hohen Preis für mich
selbst übrigbleibt... Die Wiedervereinigung is das
Geheimnisvollste, was ich je erlebt habe...

8. Bild
Büro des Produzenten Meister

*Der Filmproduzent Meister hinter seinem Schreibtisch,
irgend etwas schreibend. Auf dem Schreibtisch eine Uhr
– man könnte den Zeiger gerade auf elf springen sehen.
In derselben Sekunde leuchtet ein Lämpchen an der
Gegensprechanlage auf. Meister drückt auf einen Knopf.*

MEISTER Ja?

STIMME DER SEKRETÄRIN Herr Grimm ist da.

MEISTER *vor sich hin:* Grimm? ... Grimm? ... Ach
ja... *Wieder drückt er auf den Knopf.* Ich lasse
bitten.
*Gleich darauf öffnet die Sekretärin die Tür für
Grimm und schließt sie wieder von außen, nachdem
er eingetreten ist.*

MEISTER Tag, Herr Grimm, setzen Sie sich...

GRIMM Guten Tag...
*Er setzt sich auf den Stuhl vor dem Schreibtisch, auf
den Meister gewiesen hat.*

MEISTER Um es kurz zu machen: Ich habe Ihr Drehbuch
gelesen, und es hat mir ganz gut gefallen. Zum Teil
sogar ausgezeichnet...
Grimms verständnisloses Gesicht.

MEISTER ...Aber ich will ehrlich zu Ihnen sein – unsere
Zeit ist nicht reif für so anspruchsvolle Filme. Die
Sender verlangen immer nur nach volkstümlichen
Sachen – je primitiver, um so volkstümlicher –, und
ich muß mich... *Er unterbricht sich, denn er merkt,
daß etwas nicht stimmt. Überlegend hält er sich eine
Hand vor den Mund.*

MEISTER Ich glaube, ich hab mich verhauen, stimmt's?
Grimm nickt erleichtert.

GRIMM Ich bin Benno Grimm aus'm Prenzlauer Berg...
Ost-Berlin...? Sie haben mich und meine Familie
engagiert, damit wir...

MEISTER *unterbricht ihn:* Lieber Herr Grimm – können Sie mir noch einmal verzeihen?...
Grimm macht lächelnd eine Geste des Vergebens.

MEISTER Sie stellen sich nicht vor, was ich um die Ohren
habe! Alle zehn Minuten neue Sorgen, neue Leute –
ich bitte herzlich um Verzeihung...

GRIMM Is schon vergessen.

MEISTER Tja... *Er setzt zum Reden an, aber ihm fällt
nicht ein, worum es geht.* Einen kleinen Moment
bitte... *Er steht auf und geht in Richtung Vorzimmer.* Bin sofort zurück...

9. Bild
Vorzimmer der Prussia-Film

*Meister kommt aus seinem Büro, er schließt sorgfältig
die Tür hinter sich. Die Sekretärin, die am Schreibtisch
an einer Maschine schreibt, unterbricht die Arbeit und
sieht zu ihm auf.*

MEISTER Sagen Sie – wozu ist der Typ hier? Was will er
von mir?

SEKRETÄRIN Sie haben ihn herbestellt. Er gehört zu der
Ostfamilie, die für den Schriftsteller Steinheim als
Studienobjekt engagiert wurde...

Meister erinnert sich; er hebt eine Hand, Zeichen des Dankes.

10. Bild
Büro des Produzenten Meister

Meister kommt zurück und setzt sich wieder hinter seinen Schreibtisch. Er ist jetzt voll bei der Sache. Er schiebt Grimm ein Kästchen Zigarren zu.

MEISTER Was zu rauchen?
    Grimm schüttelt dankend den Kopf.
MEISTER *nun nüchtern wie ein Chef:* Verstehen Sie das nicht als Vorwurf: Aber wenn Sie sich etwas mehr anstrengen könnten – das würde unserem gemeinsamen Projekt absolut nicht schaden.
GRIMM Was soll ich tun?... Was vermissen Sie?
MEISTER Ich nichts.
GRIMM *nach kurzer Pause:* Hat sich Herr Steinheim über uns beklagt?
MEISTER Nicht direkt beklagt... Vor ein paar Tagen hat er durchblicken lassen, daß er sich von den Besuchen bei Ihnen mehr versprochen hat.
GRIMM Aber ich hab nichts versprochen... Wissen Sie, wir sind wir – mehr können wir nich tun. Wir verbergen nichts vor ihm, wir antworten auf jede Frage, manchmal streiten wir uns sogar extra für ihn, nur um ihm etwas zu bieten... Damit Herr Steinheim studieren kann, wie die verschiedenen Generationen mit'nander auskommen, dulde ich den ganzen Tag

meinen Schwiegervater bei uns im Wohnzimmer –
das würde mir sonst im Traum nich einfallen... Was
fehlt ihm?

MEISTER Stoff. Verwertbarer, guter Stoff – genauer
kann ich's Ihnen auch nicht sagen... Kennen Sie
keine interessanten Leute, die man ihm zuführen
könnte?... Sie haben doch sicher Tausende Ost-
bekannte?... Bringen Sie ihn zu denen, wenn's sein
muß. Zeigen sie ihm das große Osttheater, damit der
arme Mann endlich weiß, worüber er schreiben soll.
*Grimm gibt sich einsichtig, um die Stimmung nicht
zu verschlechtern:*

GRIMM Ja, 'n bißchen mehr aus'm Haus führen könnten
wir ihn, das stimmt... Aber es is schwer zu entscheiden, wer von den Leuten, die wir kennen, für ihn
geeignet is... Große Leuchten sind sie, ehrlich gesagt, alle nich.

MEISTER Das ist nicht nötig. Nicht die Leute sollen besonders sein, sondern das Drehbuch, das Steinmann
über sie schreibt...

GRIMM *unterbricht ihn verwundert:* Wer?

MEISTER Anton Steinmann... Er ist ein großer Künstler, denken Sie manchmal daran?

GRIMM Hin und wieder.

MEISTER Und vergessen Sie nicht: Sie tun es nicht nur für
ihn. Von Ihnen hängt ganz entscheidend ab, wie
lebensnah eine Fernsehserie wird, die den Menschen
in beiden Teilen unseres Vaterlands helfen soll, zueinander zu finden...

GRIMM *lügt:* Daran denke ich natürlich jeden Tag.

MEISTER Nebenbei gesagt, tun Sie das Ganze ja auch
nicht gerade umsonst...

Eine Pause. Man spürt, daß Meister der Ansicht ist,
alles Nötige wäre gesagt, und daß er den Besucher
wieder loswerden möchte. Er steht auf und geht zu
seinem Golf-Trainingsgerät. Im weiteren Verlauf
der Szene legt er einen Golfball auf den Abschlag-
punkt, nimmt einen Schläger, holt aus, drischt den
Ball ins Fangnetz. Und das ein paarmal. Beim letzten
Schlag könnte er bei der Ausholbewegung irgendein
Stück Glas – eine Flasche, ein Bild, eine Vase –
zertrümmern.

GRIMM Weil Sie gerade davon anfangen... *Er zögert.*

MEISTER *sieht ihn kurz an:* Ja?

GRIMM *muß Mut sammeln:* Es waren zwischen uns tausend Mark pro Woche vereinbart...

MEISTER *kühl:* Und?

GRIMM ... Herr Steinheim is durchschnittlich sechs
Stunden täglich bei uns, sechsmal die Woche. Es
stehen ihm zur Verfügung: Meine Wenigkeit, meine
Frau, mein Sohn, mein Schwiegervater. Und manch-
mal noch 'n anderes Familienmitglied, was in jedem
Fall organisiert werden muß...

MEISTER *beim Golf:* Worauf wollen Sie hinaus?

GRIMM Wenn Sie das jetzt mal auf'n Stundenlohn um-
rechnen... *Er nimmt einen vorbereiteten Zettel aus*
der Jackentasche. Dann nimmt sich das nich mehr so
furchtbar üppig aus. Das sind... *Er liest ab:* sechs
Mark sechsundsechzig. Wobei ich die auswärtigen
Familienmitglieder kaum in die Rechnung einbezo-
gen habe... Dafür kriegen Sie heute nich mal 'ne
polnische Putzfrau... Und es is auch nich berück-
sichtigt, daß Herr Steinheim bei uns ganz selbstverständlich mitißt und mittrinkt. Oder glauben Sie, er

bringt sich Stullen mit? ... Ich mache ihm das nich
etwa zum Vorwurf – Sie sollen's bloß wissen.
Meister hält beim Golfspielen inne.

MEISTER Also was? Wollen Sie mehr Geld?

GRIMM Vor allem möchte ich ü b e r h a u p t mal etwas
Geld. Die Geschichte läuft jetzt seit fünf Wochen...
Er rechnet im stillen nach und korrigiert sich dann:
seit s e c h s Wochen – und bis jetzt haben wir keinen
Pfennig gesehen.
*Meister spielt weiter Golf, Grimm den Rücken zu-
kehrend.*

MEISTER Meine Sekretärin gibt Ihnen, wenn Sie gehen,
einen Scheck über dreitausend Mark ... Und hiermit
erhöhen wir auf elfhundert pro Woche. Einverstan-
den?

GRIMM *ohne Anzeichen von Freude:* Ja.

MEISTER Wenn die Sache vorbei ist, rechnen wir genau
ab. Und ich sag's nochmal: B i e t e n Sie ihm was,
machen Sie einen Ostexperten aus ihm! ...

GRIMM Ich will's versuchen.

MEISTER Und noch was: Herr Steinmann braucht von
unserer Begegnung heute nichts zu wissen. Klar?
Er sieht Grimm in die Augen.

GRIMM Klar.
*Meister geht zu seinem Schreibtisch, drückt auf
einen Knopf und redet in die Gegensprechanlage:*

MEISTER Kommen Sie bitte mal rein? ... *Dann spielt er
weiter Golf.*

GRIMM *nach drei Sekunden:* Da fällt mir noch etwas
ein...
Die Sekretärin steht in der Tür.

SEKRETÄRIN Ja?

MEISTER *Golf spielend:* Stellen Sie für Herrn... Wie war noch mal Ihr Name?

SEKRETÄRIN Grimm.

MEISTER Stellen Sie für Herrn Grimm einen Scheck über zweitausend Mark aus...

GRIMM Sagten Sie nich eben dreitausend?

Meister korrigiert sich ohne das kleinste Anzeichen von Verlegenheit und ohne vom Golfspiel aufzublikken:

MEISTER ... einen Verrechnungsscheck über dreitausend Mark.

SEKRETÄRIN Wird gemacht. *Sie verschwindet.*

MEISTER *aufs Ende drängend:* Sie wollten noch etwas sagen?

GRIMM Ja, ich brauche eine Auskunft...: Wenn ich Ihrem Rat folge und für Herrn Steinheim etwas organisiere, was außerhalb meiner Familie liegt, und wenn mir dabei Unkosten entstehen, eventuell sogar ganz erhebliche Unkosten – kriege ich die ersetzt?

MEISTER Fragen Sie theoretisch, oder haben Sie was Bestimmtes im Auge?

GRIMM Was s e h r Bestimmtes. Er hat mich gefragt, ob ich ihm Kontakt zu jemand beschaffen könnte, der früher für MfS gearbeitet hat...

MEISTER Für w e n?

GRIMM Fürs Ministerium für Staatssicherheit...

MEISTER Und dieser Stasi-Mensch tut es nur für Geld?

GRIMM Ich kenne keinen Stasi-Menschen ... Aber meine Frau kennt einen Schauspieler, der unter Umständen bereit wäre, extra für Steinheim 'ne Stasi-Rolle einzuüben...

In diesem Augenblick könnte das Glas zu Bruch gehen, wie zuvor erwähnt.

11. Bild
Wohnzimmer der Grimms

Steinheim ist allein im Zimmer, er schnüffelt herum. Er hockt auf dem Boden, vor einem offenen Schrank; darin erkennt man ein paar Aktenordner, Papiere und Fotos. Steinheim hat eine Urkunde in der Hand und betrachtet sie. Sie stammt aus dem Jahr 1974, Benno Grimm wird auf ihr in Anerkennung seiner hervorragenden Arbeit zum Verdienten Aktivisten des Volkes erklärt. Steinheim legt die Urkunde neben sich auf den Boden. Dann nimmt er ein Album aus dem Schrank, setzt sich damit an den Tisch, blättert und betrachtet. Wir sehen ein paar Fotos – Bilder aus Grimms und seiner Familie Vergangenheit. Natürlich haben sie etwas Rührendes. Man hört das Geräusch der sich öffnenden und zufallenden Wohnungstür. Steinheim springt auf, stopft Urkunde und Album zurück in den Schrank und schließt ihn. Irgendwie aber kriegt er die Tür nicht zu, sie bleibt angelehnt. Dann geht er zum Tisch, auf dem, wie immer, ein Bauwerk aus Ankersteinen steht – diesmal ist es eine angefangene mittelalterliche Burg. Er tut so, als beschäftige er sich damit, bis Grimm hereinkommt. Grimm sieht zu Steinheim, und der tut so, als habe er sein Kommen nicht bemerkt. Grimm hat sein Jackett draußen ausgezogen, er trägt nun das weiße Hemd mit Krawatte.

GRIMM Guten Tag. Keiner da?
STEINHEIM *den Überraschten spielend:* Hallo... Herr
    Blauhorn ist gerade einkaufen gegangen.
    Sie geben sich die Hand.

GRIMM Theo auch nich hier?

STEINHEIM Ich habe ihn bisher nicht gesehen...

Die Tür des Schranks geht langsam auf. Steinheim sieht es. Grimm geht zu dem Schrank. Er sieht seine Aktivistenurkunde obenauf liegen, blickt kurz zu Steinheim, der sich aber wieder mit den Bausteinen zu beschäftigen scheint. Dann ordnet Grimm die Urkunde zwischen zwei Ordner ein, macht die Tür zu, tritt mit dem Fuß gegen ein Schrankbein, da läßt sich die Tür auch abschließen.

GRIMM Hat er gesagt, wann er wiederkommt?

STEINHEIM Herr Blauhorn? Nein.

GRIMM Er kann Sie doch hier nich alleine lassen – wo gibt's 'n so was!

STEINHEIM Das macht doch nichts, ich habe mich beschäftigt... Ich bin kein Baby, um das Sie sich pausenlos kümmern müssen.

Grimm lockert seine Krawatte und öffnet den obersten Hemdknopf.

GRIMM Trotzdem, so was gehört sich nich...

STEINHEIM Vergeben Sie ihm...

GRIMM *ergänzt* ... denn er weiß nich, was er tut.

Er setzt sich aufs Sofa, streift die Schuhe ab und angelt seine Pantoffeln, die unter dem Sofa stehen.

STEINHEIM So in Schale habe ich Sie noch nie gesehen... Kommen Sie etwa von einem Vorstellungsgespräch?

GRIMM Nich ganz. Aber Sie sind auf der richtigen Spur: Ich war geschäftlich unterwegs...

STEINHEIM Ist es sehr neugierig zu fragen, um was für eine Art von Geschäften es sich handelt?

GRIMM Sagen wir – es is nich ganz unneugierig. Aber ich

kann's Ihnen trotzdem verraten: Ich weiß nich, ob
Sie sich dran erinnern – ich hab Ihnen mal erzählt,
daß ich 'ne Firma gründen will ... Die Grundidee is
folgende ...:

*Während Grimm weiterspricht, nestelt Steinheim
seinen Kassettenrecorder aus der Tasche, stellt ihn
auf den Tisch vor dem Sofa und schaltet ihn ein.
Grimm ist schon so daran gewöhnt, daß es ihm
keinen Blick mehr wert ist.*

GRIMM Wohin Sie gucken, wird gebaut, ganz Ostdeutschland is 'ne Baustelle, und nach meiner Ein-
schätzung wird sich daran nichts ändern, solange ich
lebe. Sie werden sich noch keine großen Gedanken
drüber gemacht haben: Was braucht so gut wie jeder
Bauherr? ... Und zwar etwas, das ziemlich viel Geld
kostet und das er nach Bauende wieder wegschmei-
ßen muß, weil's ihm kein Schwanz abnimmt? ...
Sie sehen sich an, eine Rätselfrage ist gestellt.

STEINHEIM *lächelnd:* Gleich werden Sie's mir sagen.

GRIMM *will es ihm aber nicht so leicht machen:* Überlegen Sie mal ...

STEINHEIM *spielt mit:* Baumaschinen?

GRIMM Stellt die Baufirma.

STEINHEIM Betonmischer.

GRIMM Stellt die Baufirma. Oder kann man borgen.

STEINHEIM Ein Gerüst?

GRIMM Kann man auch borgen ... *Er hebt den Zeigefinger.* Aber da kommen Sie der Sache schon näher ...

STEINHEIM *nach kurzer Pause:* Ich weiß es nicht.

GRIMM *antwortet endlich:* Einen Zaun! Von zehn Bau-
herren brauchen schätzungsweise sieben einen

Zaun. 's gibt Millionen Vorschriften, die besagen, wie 'ne Baustelle gesichert zu sein hat.

Steinheim scheint nicht allzu beeindruckt.

STEINHEIM Sie wollen Zäune herstellen?

GRIMM Nein, nich herstellen... *Er hat einen Ton, als wolle er Steinheim auf die richtige Fährte locken. Aber Steinheim zuckt mit den Schultern.*

GRIMM Ich will sie verborgen... vermieten.

STEINHEIM Zäune vermieten?

GRIMM Zur Baustelle bringen, hinstellen, wieder abholen, kassieren... Gefällt Ihnen nich?

STEINHEIM Ich habe noch nie von so etwas gehört.

GRIMM Ich auch nich – darum geht's ja gerade! Deswegen nenn ich's ja 'ne neue Idee!... Ich bin überzeugt davon, daß es 'n Riesenmarkt dafür gäbe. Erstens brauchten sich die Leute nach Bauende nich drum kümmern, was sie mit ihrem überflüssig gewordenen Bauzaun machen, zweitens hätten sie 'ne Menge Geld gespart, denn Zäune sind nich billig.

STEINHEIM *nun doch beeindruckt:* Das klingt logisch.

GRIMM Es is logisch!... Nur leider nich überzeugend genug für die Krämerseelen von der Bank. Wie Sie sich denken können, brauche ich 'n Geldgeber. Ohne Investition – nix Zäune. Und es müssen viele Zäune sein, Zäune der verschiedensten Art. 'n Zaun um einen Neubau rum is was anderes als 'n Zaun um 'n Loch vor'm Grundstück... Wissen Sie, was die Bank mir sagt?... Statt die Geschäftsidee anzuerkennen und mir bei so einer bombensicheren Sache unter die Arme zu greifen, fragen diese Ärsche nach Sicherheiten!... *Er legt die Krawatte ab.*

STEINHEIM So verblendet sind wohl alle Banken...

Grimm hat jetzt kein Ohr für Ironie.

GRIMM Falls Sie sich beteiligen wollen oder falls Sie
jemanden kennen – jederzeit ... In was Besseres hätten Sie noch nie 'n Pfennig reingesteckt.

STEINHEIM *etwas peinlich berührt:* Ich werde unter meinen Bekannten rumhorchen ...

GRIMM *nach kurzer Pause:* Trinken Sie 'n Tee mit?

STEINHEIM Gerne.

*Grimm nimmt seine Schuhe vom Boden und geht, in
der einen Hand die Schuhe, in der anderen die Krawatte, zur Tür.*

GRIMM Übrigens is Ihre Sache mit dem Stasi-Typen nich
vergessen. Wir arbeiten dran ...

Er geht hinaus. Steinheim hält den Recorder an.

12. Bild
Straße in Ost-Berlin

*Trude Grimm geht mit einem zwölf-, dreizehnjährigen
Mädchen, einer ihrer Schülerinnen, eine Straße entlang.
Trude trägt eine Aktentasche unterm Arm, das Mädchen
eine Schultasche in der Hand, die doppelt so dick ist. Sie
kommen von der Schule. Das Mädchen heißt Elli und ist
die Tochter des Schauspielers Langhans.*

TRUDE GRIMM Willst du nicht erst mal zu Hause anrufen, ob er überhaupt da ist?

ELLI Er ist bestimmt da ...

TRUDE Vielleicht ist es ihm gar nicht recht, wenn ich so
unangemeldet reinschneie? ... Komm, da drüben ist

'ne Telefonzelle, ich spendier die Groschen: Ruf schnell mal an, ja?

Aber Elli geht geradeaus weiter, als hätte sie die Aufforderung nicht gehört. Nach fünf Sekunden:

ELLI Wir haben kein Telefon...

Trude scheint beschämt, sie streicht Elli über den Kopf.

TRUDE Hab ich ihn nicht vor 'nem Vierteljahr angerufen? ... Vor der letzten Elternversammlung?

ELLI Wir haben's abgemeldet. Es war uns zu teuer.

TRUDE Verstehe. Wir haben auch schon darüber nachgedacht...

Ein paar stumme Schritte.

ELLI Was hab ich'n ausgefressen?

TRUDE *erstaunt:* Ausgefressen? ... Nichts. Wie kommst du auf ausgefressen? Ist ja 'n scheußliches Wort.

ELLI Weil Sie meinen Vater sprechen wollen. Was gibt's denn sonst für einen Grund?

Trude lächelt.

TRUDE Kannst du dir keinen vorstellen?

Elli schüttelt den Kopf.

TRUDE Vielleicht möchte ich dich loben?

ELLI Glaub ich nich.

TRUDE Beklagen will ich mich jedenfalls nicht, das kannst du mir glauben... Eigentlich will ich ihn nur um einen Gefallen bitten.

ELLI *verwundert:* Meinen Vater? *Trude nickt.* Und ich darf nich wissen, um was es geht?

TRUDE Jedenfalls mußt du es nicht wissen... Hat er viel zu tun?

Elli überlegt einen Moment, dann schüttelt sie den Kopf.

TRUDE Ist er zur Zeit in einem Film oder so beschäftigt?
Elli schüttelt den Kopf.
ELLI Manchmal arbeitet er in einem Synchronstudio.
Aber wenig... Soll ich Ihnen mal was verraten?
Trude sieht sie fragend an. Elli lächelt.
ELLI Er sagt es mir ja doch!...
Trude nimmt das nicht sehr ernst.
TRUDE Dagegen kann man ja dann wohl nichts ma-
chen...

13. Bild
Wohnung des Schauspielers Langhans

*Der Wohnraum, in dem wir sind, sollte modern einge-
richtet sein, keinesfalls ärmlich – die Wohnung des
Schauspielers, dem es früher gutgegangen ist. Langhans
ist ein Mann von Mitte Vierzig. Er sitzt mit Trude
Grimm am Wohnzimmertisch, auf dem Mineralwasser
für beide steht. Er raucht Pfeife. Trude erklärt ihr Anlie-
gen.*

TRUDE GRIMM ...Dieser Mann bringt unser Leben ganz
schön durcheinander, aber wir haben uns nun mal
drauf eingelassen, und jetzt müssen wir durch...
Aber ich bin nicht hergekommen, um Ihnen was
vorzujammern...
*Langhans unterbricht sie mit einer Geste – er legt
einen Finger auf den Mund. Als sie verwundert
schweigt, steht er auf und schleicht auf Zehenspitzen
zur Zimmertür. Er reißt sie auf, und es ist genauso,*

wie er es erwartet hat: Dahinter steht Elli und lauscht. Jetzt sieht sie ihren Vater erschrocken an.

LANGHANS Stimmt's – du hast hier überhaupt nicht gelauscht, sondern kommst gerade mal zufällig vorbei?

Elli braucht noch drei Sekunden, bevor sie seine Vermutung durch entschiedenes Nicken bestätigen kann.

LANGHANS Und wenn ich jetzt die Tür wieder zumache, verdrückst du dich und läßt dich nicht noch mal in einer so unwürdigen Position erwischen? *Wieder nickt Elli, genauso.* Und wenn ich dich noch mal beim Horchen erwische, darf ich dir zwei Wochen lang kein Taschengeld zahlen?

Elli verzieht den Mund, nickt kurz und trottet davon. Die Angelegenheit ist ihr doch sehr peinlich. Langhans macht die Tür zu und setzt sich wieder an den Tisch, als wäre nichts gewesen.

LANGHANS Entschuldigung...

TRUDE Bei uns zu Hause wurde auch gehorcht, daß sich die Balken gebogen haben...

Sie sieht zur Tür.

LANGHANS Sie brauchen keine Angst zu haben – das ist erledigt.

Trude lächelt, dann fährt sie fort:

TRUDE Sie werden gleich verstehen, warum es nicht gut wäre, wenn Elli uns zuhört... Dieser Mann, dieser Schriftsteller, hat nun den Wunsch geäußert, einen ehemaligen Mitarbeiter der Staatssicherheit kennenzulernen. Fragen Sie mich nicht, was er sich davon verspricht – irgendwas wird es sein. Unglücklicherweise kennen weder mein Mann noch ich einen solchen Menschen...

LANGHANS Bis jetzt ist alles klar. Bloß nicht, was ich mit dieser Sache zu tun habe... *Er unterbricht sich, denn er hat plötzlich einen irren Verdacht.* Oder glauben Sie am Ende, daß ich...!?
Er vollendet den Satz nicht, es ist aber auch so klar, was er sagen wollte. Trude lächelt erschrocken.

TRUDE Um Himmels willen – nein! ... So was denke ich nicht im Traum, wie käme ich dazu!...
Sie trinkt einen Schluck Mineralwasser, jetzt hat sie den Faden verloren.

TRUDE Also ehrlich – wenn ich das im entferntesten geglaubt hätte, wär ich nie im Leben zu Ihnen gekommen!...
Langhans holt von irgendwoher eine Flasche Kognak und ein Gläschen und stellt beides vor sie auf den Tisch.

TRUDE Danke...
Sie gießt sich etwas ein und kippt es hinunter. Danach geht es ihr besser.

TRUDE, *sammelt all ihren Mut:* Ich bin zu Ihnen gekommen, weil Sie Schauspieler sind... Mein Mann hatte die eigenartige Idee, ob Sie nicht...
Weiter wagt sie sich aber nicht vor.

LANGHANS Ob ich was nicht?

TRUDE, *stockend:* Ob Sie nicht dem Schriftsteller... einen Stasi-Mann...

LANGHANS, *will ihr helfen:* Ich kenne leider auch keinen.

TRUDE, *vollendet schweren Herzens:* ... vorspielen könnten!...

Langhans sieht sie verblüfft an. Jetzt gießt er sich
selbst einen Kognak ein, in Trudes Glas, und trinkt.

LANGHANS Sie kommen vielleicht auf Einfälle...

Auf einmal lächelt er, als fände er die Vorstellung
ganz amüsant.

TRUDE Wissen Sie, es scheint dem Schriftsteller allerhand daran gelegen zu sein... Er hat schon ein paarmal davon angefangen... Und können Sie sich nicht
vorstellen, daß es auch eine interessante Rolle für Sie
wäre?

LANGHANS Sie machen mir Spaß – Rolle!... Wenn ich
eine Rolle spiele, dann ist die vorher geschrieben. Ich
habe ein Textbuch, lerne Satz für Satz auswendig
und kriege vom Regisseur auch noch gesagt, was für
Gesichter ich dazu schneiden muß... Wer schreibt
mir diese Rolle? Sie? Ihr Mann?

TRUDE *kleinlaut:* Ich dachte, das würde sich alles aus
der Situation heraus ergeben... Daß man das im-
provisieren könnte... Aber Sie verstehen natürlich
mehr davon...

Langhans ist aufgestanden und spaziert im Zimmer
auf und ab. Es hat den Anschein, als stelle er sich die
Inszenierung schon vor.

LANGHANS *schüttelt nach einer Weile den Kopf:* Wenn
ich improvisiere, kommt so etwas wie Kabarett heraus... Der Mann soll mich doch für echt halten?
Oder macht es Ihnen nichts aus, wenn er die Sache
durchschaut?

TRUDE Um Gottes willen, nein – das sollte auf keinen
Fall passieren.

LANGHANS Sehen Sie... *Er hebt die Kognakflasche*
hoch, ob sie noch einen möchte. Sie schüttelt den

Kopf, darauf gießt er sich selbst noch einen ein.
Woran arbeitet dieser Schriftsteller überhaupt? Unterstellen wir mal, ich mache das: Kann es passieren, daß ich eines Tages in einer Illustrierten einen Tatsachenbericht über die Stasi lese, und zwar über mich?
Trude lächelt bei dieser Vorstellung.

TRUDE Nein, das kann auf keinen Fall passieren.

LANGHANS Woher wissen Sie das?

TRUDE Weil er kein Journalist ist. Er ist richtiger Schriftsteller, sogar ein ziemlich bekannter. Er schreibt Romane.

LANGHANS Wie heißt er?
Trude überlegt einen Augenblick – ob sie es wagen kann, die Auskunft zu geben.

TRUDE Steinheim.

LANGHANS Anton Steinheim? Von dem habe ich sogar schon mal ein Buch gelesen. Fragen Sie mich nicht, wie es hieß.

TRUDE Aber diesmal arbeitet er fürs Fernsehen. Es soll eine Serie werden. Etwas mit Ost und West...
Langhans nickt vor sich hin, in Gedanken.

TRUDE Er ist ein netter Mann. Er würde Ihnen bestimmt gefallen...
Auf einmal wechselt Langhans den Ton, er scheint geschäftsmäßiger zu werden.

LANGHANS Sie sind zu mir nicht nur deshalb gekommen, weil ich Schauspieler bin?...

TRUDE *verwundert:* Sondern?

LANGHANS Weil Sie wissen, daß ich keine Arbeit habe, stimmt's?

TRUDE *verlegen:* Davon habe ich gehört, ja... Wenn

Sie noch beim Theater wären, hätte ich es nie ge-
wagt...

LANGHANS Glauben Sie – oder glaubt Ihr Mann –, daß
ich jetzt Zeit für derlei Späße habe oder daß ich
Geld brauche?

TRUDE *verlegen:* Darüber haben wir, ehrlich gesagt,
nicht nachgedacht.

LANGHANS Dann bitte ich Sie, es zu tun... Wenn ich
mich darauf einließe, dann müßte ich mir a) eine
Rolle schreiben und sie b) einstudieren. Und ob ich
sie schreiben könnte, ist eine vollkommen offene
Frage, ich kann es höchstens versuchen... Hoffentlich denken Sie aber nicht, ich würde das alles aus
Liebe zur Kunst tun.

TRUDE Wenn Sie es nur in Erwägung ziehen, bin ich
schon froh... Über alles Geschäftliche müßte dann
mein Mann mit Ihnen sprechen... Ich an Ihrer Stelle
würde es auch nicht umsonst tun.

Es klopft.

LANGHANS Ja?

Elli macht die Tür auf.

ELLI Darf ich endlich reinkommen?

Trude und Langhans sehen sich beunruhigt an.

14. Bild
Park in Ostberlin

*Benno Grimm sitzt in einem Ostberliner Park allein auf
einer Bank. Das Wetter muß nicht besonders gut sein,
ihn fröstelt. Er blickt den Weg entlang, er weiß nicht, wie*

der Mensch, mit dem er hier verabredet ist, aussieht. Er sieht erwartungsvoll einem dicken Mann entgegen, der, mit einem riesigen Hund an der Leine, auf dem Weg daherkommt. Der Mann geht vorbei. Grimm sieht ihm hinterher.

GRIMM *vor sich hin:* Scheißidee, sich in einem Park zu verabreden! Als gäb's nich genug Kneipen...
Der nächste Mann kommt, der nächste vergebliche, freundliche Blick von Grimm. Dann steht Langhans da.

LANGHANS Herr Grimm?

GRIMM Herr Langhans?
Grimm steht auf, sie geben sich die Hand.

GRIMM Das Sitzen hier is kein Spaß. Wollen wir uns lieber im Gehen unterhalten?
Sie spazieren los. Langhans, der zum Regenmantel einen langen, nach Künstlerart um den Hals geschlungenen Schal trägt, stopft sich eine Pfeife.

GRIMM Meine Frau hat mir gesagt, Sie wären unter Umständen bereit, bei dieser Sache mitzumachen.

LANGHANS *wiederholt bedeutungsvoll:* Unter Umständen...

GRIMM Was wären das für Umstände?
Langhans läßt sich Zeit mit der Antwort, das Pfeifenstopfen scheint ihn sehr zu beschäftigen.

LANGHANS Zum einen möchte ich etwas genauer hören, was Sie von mir erwarten...

GRIMM Zum anderen...?

LANGHANS Was sollen wir lange herumreden – natürlich will ich auch wissen, was dabei zu verdienen ist.

GRIMM Was für Vorstellungen haben Sie?

LANGHANS Wie Sie sich denken werden, habe ich so was noch nie gemacht.

GRIMM Und wie Sie sich denken werden, hab ich noch nie 'n Schauspieler engagiert...

Langhans nickt. Mit Mühe zündet er sich eine Pfeife an, ein paarmal in Folge.

LANGHANS Müssen Sie das aus eigener Tasche bezahlen?

Grimm sieht ihn verwundert an.

GRIMM Warum interessiert Sie das?

LANGHANS Weil ich vermute, daß Sie kein vermögender Mensch sind.

GRIMM Das is ja wohl nich die Frage. Sagen Sie, was Sie verlangen, und dann sehen wir weiter.

LANGHANS Das ist sehr wohl die Frage, wenn Sie es selbst bezahlen müssen, ist so wenig dabei zu holen, daß mein Interesse gleich null ist.

GRIMM *leicht ungeduldig:* Wären Sie trotzdem so freundlich, mir Ihre Forderung zu nennen?

Und nach einer Pause, nachdem Langhans nicht antwortet: ... Also schön, das bezahlt 'n anderer.

LANGHANS Und zwar wer? ... Dieser Steinheim?

GRIMM Nein. Irgendeine Filmproduktion. Aber die haben mir gleich gesagt, daß nich viel drin is...

Dann sehen wir die beiden in anderer Situation, in einer anderen Ecke des Parks. Es ist hier belebter, wir sind in der Nähe einer Straße. Langhans' Pfeife zieht inzwischen.

LANGHANS Wie lange soll mein Auftritt dauern?

GRIMM Was weiß ich... Nich alle Welt. Vielleicht zwei Stunden?...

LANGHANS Dafür würde ich sechshundert Mark verlangen.

Grimm sieht ihn an, in gespielter oder echter Ver-
wunderung.

GRIMM 'n ganz hübscher Stundenlohn is das. Muß ich
schon sagen...

LANGHANS Schauspieler spielen nicht für Stundenlohn.
So wie Sänger nicht für Stundenlohn singen... Aber
die sechshundert Mark sind noch nicht alles.

GRIMM *als hätte er sich verhört:* Wie bitte?

LANGHANS Hinzu käme eine Art Drehbuchhonorar...
Oder wollen Sie mir meinen Text schreiben?

GRIMM Was für einen Text? ... Der Text ergibt sich aus
der Gesprächssituation. Die können Sie doch nicht
vorweg aufschreiben?

LANGHANS *dozierend:* Aus der Situation ergibt sich gar
nichts – ich muß die Situation bestimmen. Ich
bin Schauspieler, verehrter Herr, kein Stegreifkünst-
ler... Wenn der Schriftsteller mich zum Beispiel
fragt, in welcher Form ich meine Berichte abgefaßt
habe – soll ich dann erst anfangen, darüber nachzudenken?

Auf solch eine Frage muß Grimm nicht antworten.
Ein junger Mann, fast noch ein Kind, kommt ihnen
entgegen, ein Zettelverteiler. Jedem der Entgegen-
kommenden drückt er seine Reklame in die Hand,
auch Grimm und Langhans. Beide sehen auf ihren
Zettel. In einem Insert lesen wir:

BESUCHEN SIE DIE ROXY-BAR,
und Ihre Träume werden wahr!!

Drumherum Sterne, Sektgläser und Frauen im Mie-
der. Grimm dreht sich um und sieht dem jungen
Mann hinterher.

LANGHANS Ich lasse mich hängen, wenn der einen Tag
älter als sechzehn ist...

GRIMM Zu DDR-Zeiten hätte der jetzt beim FDJ-Nach-
mittag gesessen und auswendig lernen müssen,
wann Lenin geboren is.

LANGHANS So ist er wenigstens an der frischen Luft...

15. Bild
Ostberliner Kneipe

*Die beiden sitzen in einer einfachen Kneipe, die nicht
sehr voll ist, am blanken Holztisch. Jeder mit einem Bier.*

LANGHANS Sie kennen den Mann, ich nicht: Redet er
lieber, oder hört er lieber zu?

Grimm überlegt. Dann:

GRIMM Hört eher zu ... Und nimmt gerne auf...
Manchmal stellt er eine Frage, die er sich zu Hause
aufgeschrieben hat. Is übrigens nich unerträglich –
das würd ich Ihnen sagen. Von den paar Westmenschen, die ich kenne, einer der bescheideneren. Vielleicht is das aber nur gespielt.

Langhans ist wieder mit seiner Pfeife beschäftigt.

LANGHANS Wen soll ich bespitzelt haben?

GRIMM *der darüber noch nie nachgedacht hat:* Sie können Fragen stellen!...

LANGHANS Einer von uns beiden muß das schließlich
entscheiden... Und es gibt noch mehr zu entscheiden: War ich ein kleines Licht, war ich ein Führungs-
offizier, hab ich es nur gelegentlich getan, war ich
fest angestellt?

Weil Grimm all die Antworten nicht weiß, trinkt er
lieber sein Bier aus.

LANGHANS Habe ich zum Beispiel Sie bespitzelt?

GRIMM Mich?

LANGHANS Oder Ihre Frau?

GRIMM Ehrlich gesagt is mir das egal... Natürlich
kann man jedes Detail vorher festlegen, aber was
macht das für 'n Unterschied? Das eine is nich
schlechter als das andere... nachher besprechen wir
noch, an welcher Stelle Sie Luft holen sollen... Ich
finde, wenn Steinheim Ihnen 'ne Frage stellt, die Sie
ratlos macht, dann können Sie auch getrost mal
sagen: Darüber möchte ich nich sprechen. Klingt
geheimnisvoll und is 'n immer offener Fluchtweg.

LANGHANS Ich möchte nur verhindern, daß Sie mir hinterher Vorwürfe machen.

GRIMM Die mach ich Ihnen sowieso! *Er lacht.* War
nur'n kleiner Scherz...

LANGHANS Eins möchte ich aber doch wissen: Was tue
ich heute?

Grimm überlegt. Er hebt sein Bierglas und zeigt es
dem Wirt, der hinter der Theke steht. Der nickt.

GRIMM Sie auch?

LANGHANS Gerne.

Darauf zeigt Grimm dem Wirt zwei Finger, der nickt
wieder.

GRIMM Ich finde, wir sollten es nich zu kompliziert
machen. Sie sind arbeitslos und fertig. Natürlich läßt
sich was Originelleres ausdenken, aber wozu?...
Arbeitslos is absolut realistisch – sehen Sie sich uns
beide an...

Langhans nickt.

LANGHANS Das ist in Ordnung – ich bin arbeitslos, da
    kann ich mich gut reinversetzen . . . Und w i e bin ich?
GRIMM Was meinen Sie mit wie?
LANGHANS Bin ich primitiv, oder habe ich 'n gewisses
    Niveau?
GRIMM Können Sie sich aussuchen.
LANGHANS Bin ich uneinsichtig, oder zeige ich Reue? . . .
    Hack' ich auf der deutschen Einheit rum, oder bin
    ich froh, daß das DDR-Elend endlich vorbei ist?
    Grimm seufzt ob der vielen Fragen.
GRIMM Horchen Sie tief in sich rein, dann wissen
    Sie's . . .

16. Bild
Steinheims Badezimmer

*Lucie Steinheim steht, in feiner Ausgehkleidung, viel-
leicht in glänzender Seidenbluse, vor dem Spiegel und
schminkt sich die Augenpartie. Neben ihr, vor dem zweiten Spiegel, steht Steinheim in weißem Seidenhemd, er
bindet sich eine Krawatte.*

STEINHEIM Ich glaube, Montag wird der verrückteste
    Tag, den es bei dieser ganzen Unternehmung gege-
    ben hat . . .
LUCIE *unterbricht ihn:* Entschuldige, bei den Augen
    muß ich mich besonders konzentrieren . . . Da ver-
    schmink ich mich immer . . .
    *Er verzieht den Mund, schweigt aber und bindet
    weiter an seiner Krawatte. Lucie klebt sich Wimpern
    an.*

17. Bild
Straße vor Steinheims Haus

Steinheim und Lucie kommen aus ihrem Haus, beide in Abendgarderobe. Vor dem Haus, auf der gegenüberliegenden Straßenseite, wartet mit laufendem Motor ein Taxi. Sie gehen darauf zu.

STEINHEIM *nimmt den Faden wieder auf:* Du wirst es nicht für möglich halten, was für ein Treffen Grimm für mich arrangieren will!...

Sie sind bei dem Taxi angekommen. Steinheim öffnet die Tür. Lucie sieht ihn an, aber nicht weil sie es hören möchte, sondern weil ihr irgend etwas eingefallen ist.

LUCIE Entschuldige – ich bin in fünf Sekunden zurück!...

Sie läßt ihn stehen und rennt, auf ihren hohen Absätzen, zurück zum Haus, während Steinheim sich ins Taxi setzt.

18. Bild
Konzertsaal

Steinheim und Lucie sitzen in einer der vorderen Reihen und hören einem Konzert zu. Sagen wir Beethoven.

LUCIE *flüstert ihm ins Ohr, mit sanftem Vorwurf:* Willst du mir nicht endlich erzählen, was für ein Treffen dieser Grimm am Montag für dich arrangieren will?...

STEINHEIM *seine Gedanken:* Bring ich sie jetzt um, oder

sag ich's ihr? . . . Ach was, ich sag's ihr, ich liebe sie schließlich . . . *Flüstert in ihr Ohr:* Er hat einen e c h - t e n Spitzel von der Stasi aufgetrieben! . . . Der soll am Montag kommen und mir Rede und Antwort stehen . . .

Aber Lucie tut ihm nicht den Gefallen zu staunen.

LUCIE *flüstert gleichgültig:* Was willst du ihn fragen?

STEINHEIM *flüstert:* Na hör mal – findest du das nicht ungeheuerlich? Wann hat man denn je so eine Gelegenheit?

LUCIE *flüstert:* Gelegenheit wofür? Was willst du ihn fragen?

STEINHEIM *flüstert:* Das ist doch völlig zweitrangig. Ich werde mir ein Bild machen können, wie es bei denen zugegangen ist . . . Ist das nichts?

LUCIE *flüstert:* Der wird dir den größten Bären deines Lebens aufbinden. Hinterher waren sie doch alle nett und unschuldig.

STEINHEIM *flüstert:* Ich werde mir schon ein paar Fragen zurechtlegen, die sitzen . . . Außerdem hat er ja von mir nichts zu befürchten . . . Oder?

Eine Frau, die hinter ihnen sitzt, beugt sich vor und flüstert Steinheim ins Ohr:

KONZERTBESUCHERIN Bis jetzt habe ich alles verstanden. Aber könnten Sie bitte den letzten Satz wiederholen? . . .

19. Bild
Wohnzimmer der Grimms

Der Montag ist da. Grimm, Blauhorn und Steinheim sitzen um den Sofatisch herum und trinken Tee. Es ist ein paar Sekunden still, wie vor Erwartung. Es wird Zucker genommen und in den Tassen gerührt. Auf dem Tisch steht noch eine vierte Tasse, für den Besucher, der noch nicht gekommen ist. Steinheim sieht unterm Tisch auf seine Uhr.

STEINHEIM Zu w a n n haben Sie ihn bestellt?

GRIMM Noch zwanzig Minuten ... Vorher kann er nich, er muß seine Tochter aus'm Kindergarten abholen oder so was.

BLAUHORN Kann das nich seine Frau tun?

GRIMM Kannst du dir vorstellen, daß es Situationen gibt, wo die Frau dafür keine Zeit hat? ... Vielleicht sitzt e r zu Hause, und sie hat Arbeit ...

STEINHEIM *um den Frieden zu wahren:* Seltsam: Man denkt oft nicht daran, daß das auch Leute sind, die ein Privatleben haben: Kinder, Frau, Pflichten ...

BLAUHORN *philosophiert:* Ja, wenn die keine Kinder hätten, wär manches leichter ...

GRIMM Rede nich so'n Mist!

Es scheint, als wollte Blauhorn darauf antworten, dann verzichtet er aber. Steinheim nimmt seinen Recorder aus der Tasche, dazu eine Kassette, die noch verpackt ist; er reißt die Folie auf, legt die Kassette ein.

BLAUHORN Ich kannte mal einen, der hat seinen eigenen Sohn bei der Stasi verpfiffen. Und wissen Sie warum?

Weil er wollte, daß seine Tochter 'n Studienplatz kriegt!... Is das nich irre?

GRIMM *bevor Steinheim antworten kann:* Vor allem is es idiotisch. 'ne Kneipengeschichte.

BLAUHORN *ärgerlich:* Woher willst denn du das wissen?

GRIMM Weil ich von dir noch nie eine andere Geschichte gehört habe als 'ne Kneipengeschichte... Kaum forscht man 'n bißchen nach, woher du deine tollen Informationen hast, schon stellt sich raus: aus der Kneipe.

STEINHEIM *wieder um abzulenken:* Meinen Sie, daß der Herr etwas dagegen hat, wenn ich unser Gespräch auf Band aufnehme?

GRIMM Da müssen Sie ihn selbst fragen. Aber wenn ich 'ne Vermutung äußern darf: Er h a t was dagegen... Das is diesen konspirativen Typen bestimmt in Fleisch und Blut übergegangen: Keine Spuren hinterlassen.

STEINHEIM Lassen wir's drauf ankommen...
Er hat den Recorder ausprobiert, jetzt spult er fünf Sekunden zum Anfang zurück und drückt auf die Wiedergabetaste. Wir haben noch einmal Grimms letzten Satz: Das is diesen konspirativen Typen bestimmt in Fleisch und Blut übergegangen: Keine Spuren hinterlassen.

GRIMM *bekräftigt:* Genau...
Steinheim hat den Recorder ausgemacht und stellt ihn aufnahmebereit auf den Tisch.

BLAUHORN *zu Grimm:* Woher kennst'n du den überhaupt?

GRIMM *so unfreundlich er kann:* Wen?

BLAUHORN Den Stasi-Mann?

GRIMM *wütend über die Frage, seine Gedanken:* Muß dieser Mensch in seinem Altersschwachsinn d a v o n anfangen!... Ich weiß es doch nich, du Blödmann!...

Blauhorn sieht Grimm beinah fröhlich an, so als ahne er, daß er ihn mit seiner Frage in Schwierigkeiten gebracht hat. Die Pause dauert und dauert, aber schließlich kann Grimm nicht ewig schweigen.

GRIMM Das möchte ich dir nich sagen.

BLAUHORN Und warum nich?

GRIMM Das möchte ich dir auch nich sagen.

BLAUHORN *vielsagend:* Du wirst schon deine Gründe haben...

Ein Blickwechsel zwischen beiden, Grimm beherrscht sich gerade so. Dann steht er auf und geht wortlos zur Tür. Wir folgen ihm. Er geht nach draußen.

20. Bild
Flur bei Grimms

Grimm ist aus dem Wohnzimmer gekommen und schließt die Tür. Er geht zur Flurgarderobe, reißt Blauhorns Jacke vom Haken, daß der Anhänger abreißt. Die Jacke zerknüllt er, als wollte er sie würgen, und wirft sie mit aller Kraft auf den Boden. Vielleicht gibt er ihr noch einen Tritt. Dann geht er zurück ins Zimmer.

21. Bild
Wohnzimmer der Grimms

Grimm kommt zurück und setzt sich wieder zu den beiden, als wäre nichts gewesen.

BLAUHORN *freundlich, weil er weiß, daß er Grimm damit reizt:* Da bist du ja wieder...
Grimm sieht ihn nicht an, nur Steinheim, und lächelt etwas verkrampft.

BLAUHORN Wo waren wir stehengeblieben?...
Jetzt richtet Grimm den Blick auf ihn; doch ehe er etwas sagen kann, kommt ihm Steinheim zuvor.

STEINHEIM Herr Blauhorn hatte Sie gefragt, woher Sie den Stasi-Mann kennen. Und ohne Sie kränken zu wollen: Das würde mich auch interessieren...
Blauhorn ist zufrieden. Grimm sieht fünf Sekunden lang schweigend vor sich hin, eine Ewigkeit. Als hätte er einen Starrkrampf. Dann preßt er hervor:

GRIMM Aus meinem früheren Betrieb.
Irgendwie wirkt er danach erleichtert.

STEINHEIM Verstehe. Dort war er sozusagen das Ohr der Staatssicherheit?

GRIMM Eins von schätzungsweise vierhundert Ohren. Wir waren ein etwas größerer Betrieb.

BLAUHORN *mißtrauisch:* Warum wolltest'n mir das vorhin nich sagen?
Aber Grimm würdigt ihn keines Blickes.

STEINHEIM Hat jeder gewußt, daß er ein Stasi-Mann war?

GRIMM Gewußt hat's keiner. Geahnt haben's viele.

STEINHEIM Und woher wissen Sie es?... Sind Sie mit ihm befreundet?

Blauhorn nickt Steinheim aufmunternd zu, als wollte er ihm zurufen: Gut gefragt! Wieder starrt Grimm vor sich hin, wie schon zuvor, wieder die Ewigkeit von ein paar Sekunden. Dann:

GRIMM Wir kannten uns früher nur vom Sehen... Er hat's mir erst vor ein paar Monaten gesagt, als wir uns zufällig auf dem Arbeitsamt trafen... *Er wischt sich den Schweiß von der Stirn. Dann will er endlich das Thema wechseln:* ...Worüber wollen Sie mit ihm reden?

STEINHEIM Ich habe mir natürlich ein paar Fragen aufgeschrieben... *Er sucht in seiner Tasche und findet einen Zettel.* Aber ich bin ja nicht hinter einem Fall her – ich will vor allem Eindrücke gewinnen... *Er steckt den Zettel wieder ein. Grimm steht plötzlich auf.*

GRIMM Ich bitte für 'n paar Minuten um Entschuldigung...

Er geht hinaus.

Als er schon im Flur ist, gibt er Blauhorn heftige Handzeichen, ihm zu folgen. Steinheim darf es nicht sehen.

BLAUHORN *zu Steinheim:* Nehmen Sie sich doch noch 'n Tee...

Er geht auch nach draußen.

22. Bild
Flur bei Grimms

Grimm bindet sich einen Schal um und zieht sich etwas für draußen an. Blauhorn kommt aus dem Wohnzimmer.

BLAUHORN Wo gehst du hin?
Er sieht seine zerknüllte Jacke auf dem Boden liegen. Er hebt sie auf, glättet sie und hängt sie wieder an. Grimm fuchtelt mit dem Zeigefinger, während er leise zu Blauhorn redet:
GRIMM Hör zu, du Nervensäge: Ich muß jetzt runter und den Schauspieler abpassen! Ich muß ihm sagen, daß wir uns von früher aus'm Betrieb kennen. Das weiß er ja schließlich nich! Und wieso muß ich ihm das sagen?... Weil mein Schwiegervater hirnamputiert is und so dämliche Fragen stellt, daß einem nichts anderes übrigbleibt, als so 'n Scheißdreck zu erzählen!
Von einem Augenblick zum anderen gibt sich Blauhorn schuldbewußt.
BLAUHORN Ja, tut mir leid... Is mir zu spät eingefallen.
GRIMM Dir is noch nie was anders eingefallen als zu spät! Aber eins sag ich dir:... *Er deutet zum Zimmer:* Wenn er durch deine Schuld irgendwas merkt, kannst du dir schon mal 'ne Parkecke zum Wohnen suchen!...
Er verläßt die Wohnung. Blauhorn kratzt sich den Kopf, dann wendet er sich zum Wohnzimmer.

23. Bild
Straße der Grimms

Grimm kommt aus dem Haus. Er sieht die Straße ent-
lang, dann geht er los, im Schlenderschritt. Jetzt hat er es
nicht mehr eilig.

24. Bild
Wohnzimmer der Grimms

Blauhorn kommt mit Glas und Bierflasche herein.

BLAUHORN Auch 'n Bierchen?
STEINHEIM *der noch beim Tee sitzt:* Nein, vielen Dank.
   Blauhorn setzt sich an den Tisch.
STEINHEIM Ist Herr Grimm runtergegangen?
BLAUHORN Ja. Ihm is noch was eingefallen. Dem fällt
   immer noch was ein, wenn auch selten was Ge-
   scheites.
STEINHEIM Was ist es diesmal?
   Blauhorn schüttet sich Bier ins Glas.
BLAUHORN Er hat's mir erklärt, aber, ehrlich gesagt,
   hab ich's nich verstanden. Er muß plötzlich noch
   was erledigen, aber der Himmel weiß was. 'n Chaot
   eben... *Er trinkt Bier.* Ich bin auf diesen Kerl ge-
   nauso neugierig wie Sie, können Sie mir glauben...
   Plötzlich pathetisch: Was die uns angetan haben!
   Was die den armen Menschen angetan haben!...
   Da er eingeweiht ist, lügt er natürlich.

25. Bild
Straßenecke

Grimm kommt gemächlich an eine Straßenecke, weiter mag er nicht gehen. Er bleibt also stehen und blickt in die Richtung, aus der Langhans kommen muß. Er sieht in die Gesichter einiger Passanten. Er sieht auf seine Uhr.

26. Bild
Wohnzimmer der Grimms

Auf dem Tisch stehen schon zwei leere Bierflaschen, Blauhorn ist gerade bei der dritten. Steinheim dagegen trinkt immer noch Tee.

STEINHEIM Hatten Sie je Kontakt mit der Stasi?

BLAUHORN Meinen Sie als Mitarbeiter oder als Opfer?

STEINHEIM *grinsend:* Sowohl als auch.

Blauhorn denkt nach.

BLAUHORN Also als Mitarbeiter meines Wissens nie, und als Opfer kann man nie wissen... Aber was für 'n Interesse hätten die an mir haben sollen?... Zuerst war ich Koch, dann war ich Rentner.

STEINHEIM Hat man Sie nie nach Bekannten ausgehorcht?

BLAUHORN Nee... Aber erzählt hab ich natürlich viel, und der Himmel weiß wem... Das war ja die Hauptstärke der Stasi, daß du nie sicher sein konntest, wer von denen war und wer nich... Man wußte's ja kaum von sich selber... *Er trinkt die letzten Schlucke aus der Flasche.*

STEINHEIM Hatten Sie nie jemanden im Verdacht?

BLAUHORN Eigentlich nich... Aber was heißt Verdacht
– für die meisten war das 'n Beruf wie jeder andere.
Hatten Sie schon mal jemand im Verdacht, daß er
Rohrleger is?...

*Steinheim lächelt über den Vergleich. Blauhorn steht
auf.*

BLAUHORN Ich geh mir nur schnell mal 'n Bier holen...

27. Bild
Straßenecke

*Grimm hat sich inzwischen auf die Stufen eines Laden-
eingangs gesetzt, vor eine geschlossene Jalousie. Er wartet weiter und sieht zu den Passanten hoch. Nicht weit
entfernt kommt Langhans vorbei, im Ledermantel, mit
hochgeschlagenem Kragen, aber Grimm erkennt ihn
nicht. Langhans hat sich nicht nur mit Hut und Sonnenbrille getarnt, auch mit einem Bart, den er sich sorgfältig
ins Gesicht geklebt hat. Langhans geht also vorbei, und
Grimm wartet weiter.*

28. Bild
Flur bei Grimms

*Es hat geklingelt. Blauhorn kommt aus dem Wohnzim-
mer und geht zur Wohnungstür. Er ist angetrunken,
nicht stark, doch immerhin. Er öffnet die Tür. Draußen*

*steht Langhans, der wie beschrieben aussieht: schwarzer
Ledermantel, Hut, Sonnenbrille, Bart. Langhans spricht
jetzt in leicht sächselndem Dialekt. Er nimmt zum Gruß
seinen Hut ab.*

LANGHANS Guten Tag. Mein Name ist Langhans. Sind
Sie der Schriftsteller Steinheim?
*Blauhorn, der Langhans noch nie gesehen hat, also
auch von der Verkleidung nichts weiß, blickt zurück
zur Wohnzimmertür. Dann winkt er Langhans herein in den Flur und schließt die Tür hinter ihm. Als er
sich ihm wieder zuwendet, legt er einen Finger auf
den Mund, zur Warnung. Dann stößt er auf. Dann:*
BLAUHORN *leise:* Pardon. Sie sind der Stasi-Schauspie-
ler?
LANGHANS *auch leise, doch verwirrt:* Ja, aber...
BLAUHORN Ich bin der Vater von Frau Grimm... *Er
gibt ihm die Hand.* Der Schriftsteller is da drin...
Er zeigt zum Wohnzimmer. Wieso kommen Sie ohne
meinen Schwiegersohn?
LANGHANS *weiter leise, aber nun mit unverstellter
Stimme:* Warum sollte ich mit ihm kommen?
BLAUHORN Weil er runtergegangen is, um Sie abzufan-
gen.
LANGHANS Um mich abzufangen? Weshalb will er
mich abfangen? Wir waren hier verabredet.
BLAUHORN Weil er Ihnen unbedingt noch was sagen
wollte. Und zwar... *Er kann nicht weitersprechen,
denn er hat es vergessen. Er hält in Denkerpose eine
Hand an die Stirn.* Scheiße, eben hab ich's noch
gewußt!...
Langhans wartet einige Sekunden.

LANGHANS *flüstert:* Soll ich lieber gehen und draußen
auf ihn warten?

BLAUHORN Jetzt hab ich's wieder!... *Er blickt kurz zur
Zimmertür. Dann:* Falls Steinheim Sie fragt, woher
Sie und Grimm sich kennen, sollen Sie sagen: Ihr
habt im selben Betrieb gearbeitet.

LANGHANS Okay. Wie hieß der Betrieb?

BLAUHORN Mein Gott, belasten Sie sich nich auch noch
damit!

LANGHANS *besteht darauf:* Sagen Sie's mir schon.

BLAUHORN VEB Werkzeugmaschinenbau »Lenins Ver-
mächtnis«.

LANGHANS Den kenn ich. Da hab ich mal einen Brecht-
abend gegeben.

Wieder rülpst Blauhorn.

BLAUHORN Pardon... Ziehen Sie den Mantel aus...
*Langhans legt seinen Hut auf die Ablage, dann
knöpft er sich den Mantel auf.*

LANGHANS *eher für sich:* Schade, daß er mich darin
nicht sieht...

29. Bild
Straßenecke

*Die Dämmerung könnte schon eingesetzt haben. Grimm
steht von seinen Stufen an der Straßenecke auf. Er ist
sauer. Ein Junge von, sagen wir, acht Jahren kommt
vorbei und fragt:*

JUNGE Onkel, kannst du mir sagen, wie spät es ist?
GRIMM *mürrisch:* Ich bin nich dein Onkel.
*Er geht davon, in die Richtung, aus der er vorhin
gekommen ist.*

30. Bild
Wohnzimmer der Grimms

*Jetzt sitzen Steinheim, Blauhorn und Langhans um den
Tisch. Langhans trägt einen Rollkragenpullover und
immer noch seine Sonnenbrille. (Die ganze Szene
über spricht er im erwähnten sächsischen Tonfall.)
Er und Steinheim trinken Tee, Blauhorn weiter Bier;
auf dem Tisch könnten mittlerweile sechs leere Flaschen stehen.*

LANGHANS *zu Steinheim:* Wenn es Ihnen nichts ausmacht – nehmen Sie das bitte weg ... *Er zeigt auf den
Kassettenrecorder.* Das irritiert mich ...
STEINHEIM *nicht sehr erfreut:* Wie Sie wünschen ... *Er
nimmt demonstrativ die Kassette aus dem Recorder
und steckt Recorder und Kassette in die Tasche.* Ich
versichere Ihnen noch mal, daß unser Gespräch rein
privaten Charakter hat. Ich bin Schriftsteller und
von Berufs wegen neugierig. Mehr steckt nicht dahinter ... Sie können sich darauf verlassen, daß Sie
das, was Sie hier erzählen, nicht eines Tages in
irgendeiner Zeitung lesen.
LANGHANS Darauf muß ich mich auch verlassen können, sonst läuft gar nichts. In Teufels Küche bin ich

schon, aber dann wär ich im Arsch... *Er nimmt seine Raucherutensilien aus der Tasche und fängt an, sich eine Pfeife zu stopfen.*

STEINHEIM Sie haben von mir absolut nichts zu befürchten. Ich finde es sowieso sehr freundlich von Ihnen, daß Sie so ohne weiteres bereit waren, sich mit mir zu treffen. Ich glaube, ich an Ihrer Stelle hätte mir das sehr überlegt.

LANGHANS Denken Sie, ich hab's mir nicht überlegt?... Ich mach's weniger für Sie – Sie kenn ich ja überhaupt nich – als dem Genossen Grimm zuliebe. *Blauhorn, der kurz vorm Eindösen zu sein schien, wirft einen irritierten Blick auf Langhans.*

LANGHANS Begeistert bin ich nich davon... Also was wollen Sie wissen – ich habe nich unendlich viel Zeit... *Er hat sich zu einem schroffen Ton entschlossen.*

Steinheim holt seinen Zettel hervor.

STEINHEIM Ich habe hier ein paar Fragen... *Er blickt auf den Zettel, dann auf Langhans:* Sind Sie verheiratet?

LANGHANS *erstaunt:* Was geht Sie das an? Ich denke, Sie wollen mit mir über meine Arbeit reden?

STEINHEIM Sie werden sofort verstehen, warum ich danach frage...

LANGHANS *unwillig:* Ja, ich bin verheiratet. Zwei Kinder, Junge und Mädchen. In Ordnung?

STEINHEIM *kommt zum Eigentlichen:* Weiß oder wußte Ihre Frau, daß Sie für den Staatssicherheitsdienst gearbeitet haben?

LANGHANS Was heißt – weiß oder wußte? Sie hat mich angeworben... Sie erst hat mir klargemacht, daß es

nur logisch ist, wenn ein Kommunist all sein Wissen
in den Dienst unserer gemeinsamen Sache stellt.

STEINHEIM Und das haben Sie getan?

LANGHANS Das will ich doch schwer hoffen!
Er fängt an, die Pfeife anzuzünden.

STEINHEIM Haben Sie mit Ihrer Frau an gemeinsamen
Projekten gearbeitet?... Ich meine, haben Sie ge-
meinsame Überwachungen durchgeführt?

LANGHANS *schroff:* Das geht Sie w i r k l i c h nichts an.
Zu meiner Frau keine Fragen mehr, ja?

STEINHEIM *murmelt:* Entschuldigung... *Er sieht wieder auf seinen Zettel.*

BLAUHORN *zu Langhans:* Wollen Sie nich Ihre Brille
abnehmen? So hell haben wir's doch gar nich.

LANGHANS *betont kurz:* Empfindliche Augen.

BLAUHORN Mit der Sonnenbrille sehen Sie aus wie dieser... na!... *Ihm fällt der Name nicht ein.*

LANGHANS Heino. Ist 'n Witz, der gern gemacht wird...

STEINHEIM Waren Sie o f f i z i e l l Angestellter der Stasi?
Oder haben Sie woanders gearbeitet und sozusagen
nur heimlich bei denen mitgemacht.

LANGHANS Letzteres. Offiziell war ich Kulturhausleiter
in einem volkseigenen Betrieb.

STEINHEIM In welchem?

LANGHANS In einem Großbetrieb. Mehr möchte ich
dazu nich sagen... Wenn Sie sich denken können, in
welchem, is gut, wenn nich, is auch gut... Der Betrieb existiert sowieso nich mehr, dafür haben Ihre
Freunde von der Treuhand gesorgt.

STEINHEIM M e i n e Freunde?

LANGHANS *geht darauf nicht ein:* Den Betrieb gibt's nich
mehr, das Kulturhaus gibt's nich mehr, es gibt ü b e r -

haupt keine Kulturhäuser mehr ... Und wissen Sie, was ich glaube? ... Bald gibt's auch keine Betriebe mehr. Ich meine, im Osten. Dann is endlich Ruhe.

Aber Steinheim hat offenbar keine Lust, darauf einzugehen – er hält sich an die Fragen auf seinem Zettel.

STEINHEIM Welcher Art waren die Meldungen, die Sie weitergegeben haben?

LANGHANS Das konnte ich mir ja nicht aussuchen. Ich mußte nehmen, was da war. Ich mußte das melden, was ich hörte, und das war nich immer schön ... Meine Richtschnur war: Wenn einer was gesagt hat, was den Interessen meiner Klasse zuwiderlief – vor allem, wenn er was getan hat – dann habe ich das selbstverständlich weitergegeben ... Der kleine tägliche Ärger hat mich nich interessiert, jedem platzt mal der Kragen ... Glauben Sie nich, daß ein gut funktionierender Staat informiert sein muß, was unten bei den Bürgern vor sich geht?

Bevor Steinheim darauf antworten kann, geht die Tür auf: Grimm. Er ist noch genauso angezogen wie auf der Straße. Er starrt auf die drei am Tisch, vor allem auf den fremden Menschen mit der Sonnenbrille. Alle wenden sich ihm zu. Langhans nimmt, während Grimm ihn ansieht, geistesgegenwärtig seine Sonnenbrille ab, damit Grimm ihn erkennt; das ist, wegen des Bartes, auch so schon schwer genug.

BLAUHORN Da bist du ja endlich ... Unser Besuch is längst da ...

Aber Grimm hat nur Augen für Langhans.

BLAUHORN *pfiffig:* Es is alles in Ordnung ...

Langhans steht auf und gibt Grimm die Hand.

LANGHANS Tag.

GRIMM Guten Tag...

Sie schütteln sich die Hand und sehen sich in die Augen. Dann setzt Langhans die Sonnenbrille wieder auf.

STEINHEIM *zu Grimm:* Ihr Einverständnis vorausgesetzt, haben wir mit unserem Interview schon angefangen?

GRIMM Klar, warum hättet ihr warten sollen...

Er reißt den Blick von Langhans los, der sich wieder setzt, zieht seine Straßenkleidung aus, Schal und Mantel, und wirft alles irgendwohin.

LANGHANS *zu Grimm, mit seiner verstellten Stimme, die Grimm zum erstenmal hört:* Nur damit du Bescheid weißt: Ich hab ihm zwar erzählt, daß ich Klubhausleiter war, aber nich, in welchem Betrieb. Wenn du ihm das sagen willst, is das deine Sache...

Grimm nickt irritiert und setzt sich ebenfalls an den Tisch. Es entsteht eine Pause.

GRIMM Macht ruhig weiter, fühlt euch durch mich nich gestört...

STEINHEIM Vielleicht möchten die Herren doch noch etwas unter vier Augen besprechen...

Er steht auf, nickt verständnisvoll und geht hinaus. Grimm wartet, bis die Tür sich hinter ihm schließt. Dann wendet er sich Langhans zu, und sofort wird ein Ärger sichtbar, den er bisher offenbar unterdrückt hat.

GRIMM *verhalten, aber wütend:* Können Sie mir mal verraten, wieso Sie mich plötzlich duzen!? War das vielleicht so ausgemacht?

LANGHANS *nun mit normaler Stimme:* Es war überhaupt nichts ausgemacht, genau da liegt das Problem... Von dem Herrn... *Er zeigt auf Blauhorn*
... hab ich wenigstens noch rechtzeitig erfahren, daß
wir uns aus Ihrem Betrieb kennen. Und in der Deutschen Demokratischen Republik haben die meisten
Kollegen du zueinander gesagt. Richtig?

GRIMM *nun eher ratlos als böse:* Das is mir aber sehr,
sehr unangenehm...

BLAUHORN Einmal hat er dich sogar Genosse Grimm
genannt.

GRIMM *zu Langhans:* Stimmt das?

LANGHANS Waren Sie denn nich in der Partei?

GRIMM Doch, aber das braucht der doch nich zu wissen!

LANGHANS Ich möchte nur daran erinnern, daß ich es
war, der möglichst viel vorher besprechen wollte.
Und daß Sie das abgelehnt und gesagt haben, das ist
überflüssig, es ergibt sich alles aus der Situation. Und
daß ich gesagt habe: Dann will ich später aber keine
Vorwürfe hören... Stimmt das, oder denk ich mir
das aus?

Grimm schweigt einen Augenblick, er weiß, daß
Langhans recht hat. Plötzlich zeigt er auf die leeren
Bierflaschen vor Blauhorn.

GRIMM Was is'n das hier? Sind wir hier 'ne Kneipe oder
was?!...

31. Bild
Badezimmer der Grimms

Das Fenster steht offen, draußen ist der Hinterhof zu erkennen, so daß es im Badezimmer nur mäßig hell ist. Steinheim sitzt auf dem Badewannenrand, hält seinen eingeschalteten Kassettenrecorder nah beim Mund und spricht gewissermaßen Notizen auf Band.

STEINHEIM *gedämpft:* Grimm hat erzählt, daß er den Stasi-Mann im Betrieb nur vom Sehen kannte und daß sie sich erst später kennengelernt haben, auf dem Arbeitsamt. Bei dem Stasi-Typen dagegen klingt es so, als hätten sie sich schon früher ziemlich gut gekannt. Interessiert mich dieser Widerspruch?... Und was für einen Grund hat der Stasi-Mann, aus dem Namen dieses dämlichen Betriebs so ein Geheimnis zu machen?... *Er spaziert, den Recorder weiter eingeschaltet, ein paar Schritte in dem engen Badezimmer umher. Dann spricht er weiter auf Band:* Weiter: Der Stasi-Mann scheint mir eine Art Überzeugungstäter zu sein. Ich schließe das daraus... *Er lehnt sich achtlos gegen das Waschbecken, so wie zuvor gegen die Badewanne, das ist ein Fehler: Das Waschbecken hält seinem Gewicht nicht stand und bricht aus der Wand. Es kracht zu Boden und zerspringt, und Steinheim springt entsetzt einen Schritt nach vorn. Steinheim sieht auf die Bescherung.*

STEINHEIM Um Gottes willen...

32. Bild
Wohnzimmer der Grimms

Grimm, Langhans und Blauhorn am Tisch, wie zuletzt.

GRIMM *zu Langhans:* Haben Sie ihm Ihren richtigen Namen gesagt?

LANGHANS Ich habe ihm überhaupt noch keinen Namen gesagt. Ist auch nicht nötig.

GRIMM *übergangslos zu Blauhorn:* Könntest du das endlich mal rausräumen?...
Er zeigt auf die vielen Bierflaschen. Blauhorn steht beleidigt auf und nimmt alle Flaschen zusammen, was nicht einfach ist.

BLAUHORN *zu Langhans:* Haben Sie etwas dagegen, wenn ich weiter zuhöre?
Doch an Langhans' Stelle antwortet Grimm:

GRIMM Wenn du nich dauernd dazwischenredest, wie's deine Art is, kannst du gern dabeibleiben. Sonst nich.

BLAUHORN *verächtlich:* Vergiß es!...
Er geht mit den Flaschen hinaus. Langhans sieht, daß er Mühe hat, er steht auf, öffnet die Tür und schließt sie auch wieder hinter ihm.

GRIMM Ich hätte ja drei Tage unten auf Sie warten können!... Was soll denn die Verkleidung? Finden Sie das komisch?

LANGHANS Es gibt zwei Gründe, wenn Sie gestatten: Erstens möchte ich mein Gesicht nicht als Stasi-Fritze in der Gegend herumzeigen. Und zweitens: Stellen Sie sich vor, der Teufel will es, und dieser Mann hat mich schon mal im Theater gesehen!...

Steinheim kommt herein, Hosen und Schuhe voll
Staub, mit bestürztem Gesicht.

GRIMM *sieht zu ihm:* Is was passiert?

STEINHEIM Es ist mir furchtbar peinlich – ich habe in
Ihrem Badezimmer ein Unglück angerichtet...

33. Bild
Badezimmer der Grimms

Im Badezimmer brennt nun Licht. Grimm kommt her-
ein, hinter ihm Steinheim. Grimm sieht auf den Schaden.
Das zerborstene Becken liegt auf der Erde, doch hat
Steinheim inzwischen versucht, es wie ein Mosaik zu-
sammenzusetzen. Es ist ein sehr unvollkommenes Mo-
saik.

GRIMM Wie is Ihnen denn d a s geglückt?

STEINHEIM Ich habe mich dagegengelehnt, das hätte ich
natürlich nicht tun sollen. Plötzlich ist das Ding zu
Boden gekracht...

GRIMM So was!... *Er zeigt nach unten.* Haben Sie das
so zusammengesetzt?

STEINHEIM Ja.

GRIMM Rührend... *Er sieht auf seine Uhr.* Vorläufig
kann man sich ja die Hände über der Wanne wa-
schen. Morgen ruf ich 'n Klempner an. Seit die Jungs
fünfhundert Mark die Stunde nehmen, kommen sie
ja etwas schneller.

STEINHEIM Die Rechnung geht natürlich an mich... *Er*
versucht ein verkrampftes Witzchen: Verursacher-
prinzip...

GRIMM Gehen Sie mal rein und machen Sie mit dem Mann weiter – ich räum das hier schon auf... *Er sieht kurz zu Blauhorn, der inzwischen in der Tür steht.* Vielleicht hilft mir Herr Blauhorn ausnahmsweise...

STEINHEIM Wenn ich irgendwas tun kann...?

GRIMM Gehen Sie schon...

Steinheim wendet sich unglücklich zur Tür.

BLAUHORN Dann kann auch endlich mal 'ne richtige Armatur 'ran, statt diesem Plastikscheiß...

Steinheim zwängt sich an ihm vorbei nach draußen.

GRIMM Ich komm bald.

34. Bild
Wohnzimmer der Grimms

Langhans sitzt allein am Tisch. Er drückt eine Stelle seines Bartes fest, die sich zu lösen droht. Steinheim kommt herein und setzt sich ihm gegenüber. Er ist in Gedanken noch beim Waschbecken.

LANGHANS *gereizt:* Können wir jetzt weitermachen?

STEINHEIM Ja, natürlich...

Er sucht in seiner Tasche den Zettel und findet ihn nicht; dann bemerkt er, daß der Zettel auf dem Tisch liegt. Er blickt vom Zettel zu Langhans, dann wieder auf den Zettel.

STEINHEIM *sammelt sich*: Ich würde gerne wissen: Tut es Ihnen heute leid, was Sie damals getan haben?... Oder pathetisch ausgedrückt: Bereuen Sie es?

LANGHANS *tut erstaunt:* Bereuen!?... Wissen Sie, was mir leid tut?... Daß ich damals nicht besser gearbeitet habe!... Jeden Tag stell ich mir die Frage: Hättest du verhindern können, daß der erste Arbeiter- und Bauern-Staat auf deutschem Boden zugrunde gegangen is?... Oder finden Sie, daß ich mich über das, was in'n letzten Jahren passiert is, freuen sollte?... Daß statt der Genossen Honecker und Mielke jetzt die Genossen von der Deutschen Bank und von Mercedes sagen dürfen, wo's langgeht?

Steinheim lächelt, aber offenbar will er sich auf eine Erörterung dieser Frage nicht einlassen, sondern in seiner Befragung fortfahren.

STEINHEIM Ich danke Ihnen, daß Sie so offen sind.

LANGHANS Dafür müssen Sie mir nich danken – wir Tschekisten waren schon immer offen. Auf welcher Seite wir stehen, daraus haben wir nie 'n Hehl gemacht.

STEINHEIM *nach einem Blick auf seinen Zettel:* Wer waren Ihre Beobachtungsobjekte? Nur Kollegen? Oder auch Bekannte?... Haben Sie jeden mitgenommen, der zufällig vorbeikam?

LANGHANS Der Auftrag lautete: Melde uns alles, wovon du glaubst, daß Staat und Partei es wissen sollten. Entscheiden mußte ich... Hin und wieder kam es vor, daß die Genossen was Konkretes wissen wollten: Was für Kontakte hat Paula Müller zu ihrer Schwester in Düsseldorf? Otto Schulz hat an den Volkskammerwahlen nich teilgenommen – was is da los?... Aber das war eher die Ausnahme, würde ich sagen.

STEINHEIM Hätten Sie etwas dagegen, wenn ich mir wenigstens ein paar Notizen mache? Ich vergesse ja alles.

LANGHANS *widerwillig:* Wenn's sein muß...

Steinheim holt ein Notizheft aus der Tasche und fängt an zu schreiben.

LANGHANS *sieht ihm zu:* Soll ich Ihnen mal sagen, warum Ihre Regierung so uneffektiv arbeitet?

STEINHEIM *beim Notieren:* Na?

LANGHANS Weil sie eben nich weiß, was unten bei den Bürgern vor sich geht!...

Steinheim sieht kurz auf, dann notiert er weiter.

STEINHEIM *beim Schreiben:* Verstehe... Und weil das in der DDR anders war, deswegen hat dort alles so gut funktioniert...

Grimm kommt wieder herein.

GRIMM Falls jemand ins Bad muß – es is wieder einigermaßen sauber...

STEINHEIM Vielen Dank. Und wenn Sie wollen, kümmere ich mich morgen um einen Klempner.

GRIMM Ach was, is schon okay. Nutzen Sie lieber Ihre Zeit...

Steinheim schlägt nun sein Notizheft zu und sieht von neuem auf den Zettel. Grimm setzt sich nicht zu den beiden, sondern geht zu dem Tisch, auf dem sein angefangenes Bauwerk aus Anker-Steinen steht. Er macht sich daran zu schaffen.

STEINHEIM *zu Langhans:* Wenn ich richtig verstanden habe, sind Sie jetzt arbeitslos?...

Langhans nickt und wartet auf die Frage.

STEINHEIM ...Führen Sie das auf Ihre frühere Tätigkeit bei der Stasi zurück?

LANGHANS Auf was'n sonst? Die Sieger rächen sich.

STEINHEIM Darf ich fragen, was Sie von Beruf sind?

LANGHANS Hab ich vorhin schon gesagt – Kulturhausleiter.

Ohne daß die beiden es sehen können, nickt Grimm nach diesen Worten mit dem Kopf, in ironischer Anerkennung.

STEINHEIM Aber einen solchen Beruf gibt es in der Bundesrepublik nicht.

LANGHANS Is das meine Schuld?

STEINHEIM Entschuldigen Sie – diese Logik verstehe ich nicht.

LANGHANS Wenn nach der Vereinigung nur das bleibt, was es schon vorher im Westen gegeben hat, und wenn alles Ostdeutsche verschwindet, dann is was schiefgelaufen. Würden Sie das nich auch so sehen?

STEINHEIM Aber die Mehrheit der Leute in der DDR wollte der Bundesrepublik beitreten. Das heißt, die wollten nichts Neues, die wollten, daß es bei ihnen so wird wie im Westen.

GRIMM *mischt sich ein:* Und so isses ja auch geworden. Bloß zehnmal beschissener.

STEINHEIM Jedenfalls ohne Dispatcher, ohne Kulturhäuser und ohne Kulturhausleiter. Das stimmt...

Für seine Verhältnisse ist das schon ein kleiner Ausbruch. Er sieht wieder auf den Zettel.

LANGHANS Ich höre den Hohn in Ihrer Stimme, und ich gönne Ihnen den Triumph. Für heute...

Steinheim reagiert nicht darauf. Er steckt seinen Zettel ein, es steht offenbar nichts mehr darauf, was ihm nützt.

STEINHEIM Wissen Sie, ich habe das alles sozusagen ins
Blaue hinein aufgeschrieben. Bevor ich Sie kannte...
*Er knüllt den Zettel zusammen und steckt ihn in die
Tasche.*
Jetzt, nachdem ich Sie gesehen und einige Ihrer An-
sichten gehört habe, würde ich mich gerne neu vor-
bereiten. Hätten Sie was dagegen, wenn wir uns
noch einmal treffen?
Grimm blickt zu den beiden hin.
LANGHANS' STIMME Noch einmal?...
*Er hält seine Hand so, daß Steinheim sie nicht sehen
kann, vielleicht unter dem Stuhl, aber Grimm sieht
die Hand. Langhans macht mit den Fingern die Ge-
ste des Geldzählens. Dann blickt er kurz zu Grimm.
Der schüttelt kaum merklich den Kopf.*
LANGHANS Tut mir leid, ich finde, einmal is genug.
STEINHEIM Das muß ich wohl respektieren... Machen
wir also noch ein bißchen weiter...

35. Bild
Straße der Grimms

*Steinheim und Langhans kommen aus dem Wohnhaus
der Grimms. Beide wirken abgespannt. Nah bei der
Haustür steht Steinheims Wagen. Er geht hin und
schließt die Tür auf.*

STEINHEIM Kann ich Sie noch ein Stück mitnehmen?
LANGHANS Danke, ich möchte ein paar Schritte laufen.
STEINHEIM Versteh ich... *Er steigt ein.* Übrigens – an

der einen Stelle klebt Ihr Bart nicht richtig. Sie müssen das mal nachbessern. *Er zeigt in seinem eigenen Gesicht die entsprechende Stelle.*

LANGHANS Hab ich auch gemerkt. Ich hatte die ganze Zeit Angst, das Ding fällt ab...
Steinheim lächelt.

STEINHEIM Alles Gute...
Er fährt los. Langhans sieht ihm nach.

LANGHANS Ja, wenn's um gute Wünsche geht, sind die nobel. Da gibt's nix...
Er nimmt die in der Dunkelheit lächerliche Sonnenbrille ab, reißt sich den Bart vom Gesicht und geht los.

6. *Folge*
Der zweite Sekretär

Personen

Ein Verkäufer
Teilnehmer einer Kaffeefahrt
Karl Blauhorn
Trude Grimm
Theo, *ihr Sohn*
Inge, *Theos Freundin*
Benno Grimm
Anton Steinheim
Lucie, *seine Frau*
Isolde Moll, *Journalistin*
Norbert Lobeck
Ein Kellner
Wilhelm Meinicke, *ehemaliger Pförtner*
Lola Lobeck

1. Bild
In einem Reisebus

Der Bus ist voller alter Leute – ausnahmslos Rentner. Es geht eine Autobahn entlang, vorbeifliegende Felder, wir sind auf einer Kaffeefahrt. Vorn, mit dem Rücken zur Fahrtrichtung, steht ein leicht primitiv wirkender, doch wortgewandter Mann, etwa vierzig. Um seinen Hals hängt ein Mikrophon, in das er pausenlos spricht, sein Akzent könnte rheinländisch sein. Er schwitzt. Die alten Leute hängen an seinen Lippen, ein dankbares Publikum. Der Verkäufer hält ein Haushaltsgerät in der Hand, etwas Technisches, das auf den ersten Blick nicht zu identifizieren ist. Einer der Fahrgäste ist Blauhorn. Er ist eingeschlafen.

VERKÄUFER *ins Mikrophon:* Leute, ich komme zu einem der Höhepunkte unserer Produktpalette – ich hoffe, Sie haben noch nicht vergessen, was ein Höhepunkt ist! *Er grinst bedeutungsvoll, einige kichern.* ... Aber keine dummen Späße – Ihnen werden die Augen überlaufen, wenn Sie sehen, was dieser Teufelsbraten von einem Gerät alles kann... *Als hätte er einen plötzlichen Einfall:* Oder warten Sie – wir machen es andersrum: Was wünschen Sie sich von einem absolut universalen Haushaltsgerät?... Los, keine falsche Scham, raus mit der Sprache, Stasi hört nicht zu...
   Er blickt in die Runde – eine Frau meldet sich.
VERKÄUFER Bitte sehr, die Dame da hinten...
DIE FRAU Daß es Büchsen öffnen kann.
VERKÄUFER Bitte etwas lauter, damit wir alle was davon haben...

EINIGE rufen: Büchsen öffnen!...

VERKÄUFER *wie nach einem schwachen Witz:* Büchsen öffnen!?... Darüber lacht der! Das macht der mit links!... *Er nimmt von irgendwoher eine Büchse, legt das Gerät an, und sehr schnell öffnet der elektrisch angetriebene Apparat die Büchse.* Weiter, mit solchen Kleinigkeiten halten wir uns nicht lange auf... *Er zeigt auf den nächsten Fahrgast, der sich meldet.* Ja – Sie...

EIN MANN Flaschen öffnen!...

VERKÄUFER Ja, Flaschen öffnen ist wichtig im Leben, aber für unseren Freund 'ne Kleinigkeit... *Er öffnet mit dem Gerät sehr zügig eine Flasche. Während er das tut:* Ihr müßt bloß aufpassen, Herrschaften, daß unser Universalgerät euch nicht mehr Flaschen aufmacht, als ihr überhaupt wollt. Ihr müßt die Flaschen regelrecht vor ihm verstecken...
Die Flasche ist auf, einige Gäste klatschen.

VERKÄUFER Los, weiter, strengt eure Phantasie ruhig mal an!...

EIN GAST *ruft:* Messerschleifen!

VERKÄUFER Habt ihr's alle gehört – Messerschleifen?... *Er nimmt ein Küchenmesser und steckt es in einen Schlitz des Apparates.* Wenn das Messer wieder rauskommt, fällt es von alleine durch die Tomaten. Es empfiehlt sich, einen Verbandskasten bereitzuhalten, Freunde, das ist kein Spaß... *Er zieht das Messer aus dem Schlitz, damit geht er zwei Schritte zu einer Frau in der zweiten Reihe.* Hier, fassen Sie mal an und sagen Sie ein Wort dazu. Aber Vorsicht bitte!... *Er gibt der Frau das Messer, und sie läßt den Finger über die Schneide gleiten.*

DIE FRAU Es ist sehr scharf.

VERKÄUFER *nimmt das Messer zurück:* Scharf? Das ist
ein Samuraischwert! Und alles im Preis inbegriffen,
ihr spart nebenbei 'ne Japanreise, Kinder... *Er ist
wieder nach vorn getreten, blickt in den Bus, sieht
den schlafenden Blauhorn und hält einen Finger vor
die Lippen, damit alle still sind. Dann geht er zu
Blauhorn, bleibt vor ihm stehen. Er zeigt auf das
Universalgerät und sagt leise, nur für diejenigen hörbar, die in der Nähe sitzen:* Man kann die Maschine
sogar als Wecker benutzen... *Er hält sie dicht vor
Blauhorn, drückt auf einen Knopf, und ein unange-
nehmes Motorrasseln beginnt. Blauhorn schreckt
auf, sofort ist ihm die Sache peinlich. Der Verkäufer
macht das Ding aus.*

VERKÄUFER *mit sanftem Vorwurf:* So haben wir nicht
gewettet, Meister – Sie sind nicht zum Vergnügen
hier. Das ist 'ne Verkaufsveranstaltung, und was tun
Sie? Sie verpennen die prächtigsten Angebote! Lassen Sie sich mal von den Herrschaften erzählen, was
Sie schon alles verpaßt haben...

Die Umsitzenden nicken zur Bekräftigung.

2. Bild
Flur bei Grimms

*Mitten in der Nacht betritt Blauhorn, von draußen kom-
mend, den dunklen Flur. Er macht das Licht an, aber er
schafft es nur mit Mühe, denn unter jedem Arm hält er
ein großes Kopfkissen, in durchsichtige Plastikfolie ver-*

packt; zusätzlich hält er in einer Hand einen Karton, auf dem das Universalhaushaltsgerät abgebildet ist. Er wirkt zum Umfallen müde. Mit dem Fuß macht er, möglichst vorsichtig, die Tür zum Treppenhaus zu. Da geht die Badezimmertür auf, eine junge Frau kommt heraus, ziemlich nackt. Sie heißt Inge. Als sie den ihr unbekannten Alten sieht, stößt sie einen leisen Schrei aus und flüchtet in das Zimmer von Theo. Blauhorn sieht ihr verwundert nach. Aus einer anderen Tür kommt Trude, im Nachthemd, verschlafen.

TRUDE Was is los? Wer hat geschrien?

BLAUHORN Das möchte ich von dir wissen. Plötzlich laufen hier nackte Frauen rum. Is das 'n Puff hier?

TRUDE Muß dich ja furchtbar hart getroffen haben... *Sie zieht sich in ihr Zimmer zurück. Bevor sie die Tür schließt:* Und was du da für seltsame Dinger unterm Arm hast, danach frag ich dich morgen...

3. Bild
Theos Zimmer

Es läuft Musik aus dem Recorder, was die jungen Leute so hören. Theo liegt im Bett. Inge steht an einem Tisch und zündet sich eine Zigarette an.

INGE Hättest du mich doch warnen müssen, du Trottel.

THEO Warum gönnst du nich dem alten Mann den netten Anblick?... Der hat sonst nich viel vom Leben.

INGE Sei mal nich so verschwenderisch mit etwas, was
    dir nich gehört.
THEO *unernst:* Mit deinen Johannisbeeren? Die sind so
    einmalig, die müßten der ganzen Welt gehören...
INGE *nüchtern:* Was hatte der unterm Arm?
THEO Sag's mir. Hab ich ihn gesehen oder du?
INGE Hat ausgesehen wie zwei Kopfkissen. Aber wieso
    kommt einer mitten in der Nacht mit zwei Kopfkis-
    sen nach Hause?
THEO Gleich morgen früh werd ich ihn fragen... *Er*
    zieht sie zu sich herunter, sie liegt, nur die Zigarette
    stört. Redest du morgen mit deinem Vater?
INGE Ich rede jeden Tag mit ihm – wieso nich morgen?
THEO Stell dich nich dumm: Du wolltest ihn was fragen.
INGE Ob er in seinem Geschäft 'n Job für dich hat?...
    Das wollte ich ihn nich fragen, du wolltest es.
THEO Ist das ein Grund, es nich zu tun?
INGE *nach einem Zug:* Was sag ich ihm, wenn er mich
    fragt, was du kannst?
THEO Ja, das ist ein gewisses Problem, muß ich zugeben.
INGE Genaugenommen bist du nur für zwei Arbeiten
    geeignet: Du könntest 'n Chef abgeben oder als Fah-
    rer anfangen.
THEO *ernsthaft:* Zum Beispiel.
INGE Aber Fahrer hat er genug, und Chef is er selber...
    Es klopft gegen die Wand. Theo schaltet die Musik
    ab.
GRIMMS STIMME *durch die Wand:* Könntest du mal die
    Scheißmusik ausmachen?!
    Einen Moment horchen beide. Dann:
INGE *leise:* Dein Vater? *Theo nickt.* Wenn er diese leise
    Musik hört, dann hört er doch auch jedes Wort, das
    wir reden?

THEO Wir sagen ja nichts Verbotenes...

Wieder nimmt sie einen Zug.

INGE Krieg's bitte nich in'n falschen Hals: Aber stell dir
vor, ich würde versuchen, jedem Kerl, den ich ken-
nenlerne, 'ne Arbeit bei meinem Alten zu besorgen?

THEO Dann wärt ihr 'n Großbetrieb...

*Er legt sich auf den Rücken und verschränkt die
Hände unter dem Kopf.*

4. Bild
Wohnzimmer der Grimms

*Benno Grimm sitzt am Wohnzimmertisch, offenbar un-
geduldig, denn er trommelt mit den Fingern. Theo sitzt
auch da, er kaut ein Brötchen. Trude schließlich liest die
Zeitung.*

TRUDE *nach ein paar Sekunden:* In 'ner halben Stunde
muß ich zur Schule.

GRIMM *gereizt:* Du siehst doch, daß Herr Blauhorn nich
da is. Willst du ihm hinterher alles noch mal erzählen?

THEO Er schläft noch. Ist letzte Nacht sauspät nach
Hause gekommen... Aber nüchtern.

Grimm trommelt. Dann:

GRIMM *zu Theo:* Könntest du ihn freundlicherweise
wecken?

THEO Erstens tut er mir leid, zweitens hört er nich auf
mich. Wenn ich ihm sage – steh auf –, schläft er extra
lange.

TRUDE *beim Zeitunglesen:* Können wir nich ohne ihn bereden, was zu bereden is?
Eine letzte kurze Stille, dann steht Grimm auf und geht entschlossen nach draußen.

5. Bild
Flur bei Grimms

Grimm klopft an Blauhorns Zimmertür, es wird eher ein Türeneinschlagen daraus als ein Klopfen. Er will schon die Klinke herunterdrücken, als er gefragt wird:

BLAUHORNS STIMME Möchtest du zu mir?
Grimm dreht sich um – Blauhorn steht im Bademantel in der offenen Badezimmertür.
GRIMM *streng:* Ich will nich zu dir – ich will, daß du ins Wohnzimmer kommst. Wir warten alle auf dich, und zwar seit zwanzig Minuten.
BLAUHORN Waren wir verabredet?
GRIMM Braucht man 'n Termin, um mit dir was zu bereden?
BLAUHORN Dürfte ich mir vorher nur noch 'n Kaffee holen?
GRIMM Nein, darfst du nich. Komm endlich rein, verdammt noch mal.
BLAUHORN *freundlich:* Ich hol mir nur eben schnell mal 'n Kaffee ... *In seinen Pantoffeln schlurft er, an dem ärgerlichen Grimm vorbei, in die Küche.*

6. Bild
Wohnzimmer der Grimms

Grimm geht durchs Zimmer und setzt sich an seinen Platz zurück.

TRUDE *läßt die Zeitung sinken:* Kann's jetzt losgehen?

GRIMM Herr Blauhorn muß sich erst Kaffee holen.

TRUDE Bei seinem Blutdruck gehört das zu den Menschenrechten.

THEO Könntest du nich schon mal andeuten, worum's überhaupt geht? ... Bloß 'n kleinen Hinweis, damit sich die unerträgliche Spannung legt?

TRUDE Hör auf, Papa zu reizen. Du siehst doch, daß er gleich platzt.

GRIMM *zu Trude:* Ich kann mich selber wehren, vielen Dank... *Dann zu Theo:* Es geht darum, was wir Steinheim bieten. Und vor allem darum, was wir ihm nich bieten.

TRUDE Mehr, als ich mir aus'n Fingern sauge, is nich drin... *Sie steht auf, als wäre ihre Neugier auf das Gespräch erloschen.* Soll ich mir kleine Theaterstücke für ihn ausdenken? Soll ich ihn abends mit ins Bett nehmen?
Blauhorn kommt mit einer gefüllten Kaffeetasse herein.

BLAUHORN Wer will wen mit ins Bett nehmen?
Auf dem Weg zu einem Stuhl verschüttet er die halbe Tasse; alle bemerken es, nur er nicht. In der Folge nimmt Trude ein Papiertaschentuch und wischt seine Kaffeespur weg. Blauhorn setzt sich. Grimm

nimmt den Faden wieder auf, als hätte es sich bei
Blauhorns Kommen nur um eine Störung gehandelt.

GRIMM *zu Trude:* Das is der Unterschied zwischen uns:
Du lamentierst, wie schwer es is, den Mann mit
neuem Stoff zu beliefern, und ich denk drüber nach,
daß uns die Einnahmequelle nich versiegt.

BLAUHORN *flüstert Theo zu:* Was für 'n Stoff soll gelie-
fert werden? Von was für einem Mann redet ihr?

THEO *flüstert zurück:* Von dem Dichter, Mensch!...
Dann zu Grimm: Da schneidest du einen sehr wun-
den Punkt an, Papa. Und ich freu mich, daß du von
selber drauf kommst...

GRIMM *skeptisch:* Sprich dich aus, mein Sohn.

THEO Das Wort Einnahmequelle klingt zwar toll,
aber wir müssen jetzt endlich mal klären, um wessen
Einnahmen es hier geht. Um deine oder um unsere?

GRIMM *tut gequält:* Jetzt fängt der schon wieder davon
an!...

THEO *unbeirrt:* Was heißt schon wieder? Ich werde
genau so lange davon anfangen, bis du mit der
Kohle rausrückst... Ich habe bis heute vierhundert
Mark von dir gekriegt. Denkst du, den Rest schenk
ich dir?

BLAUHORN Ich hab zweihundert gekriegt.

TRUDE Ich gar nichts.

Grimm sieht sekundenlang von einem zum anderen.
Eben hat sich Trude wieder gesetzt, als wollte sie
doch noch mit ansehen, wie die Sache ausgeht.

GRIMM Na großartig! Macht mal 'ne Revolution:
Schließt euch gegen euren Ausbeuter zusammen.

THEO Wie wär's, wenn du weniger Sprüche kloppst und
uns statt dessen die Kontoauszüge der letzten Wo-

chen zeigst? Damit wir selber sehen können, was bisher überwiesen worden is?

Pause.

TRUDE Ich finde die Forderung berechtigt.

GRIMM *erbost zu Blauhorn:* Los, du hast vergessen zu plärren: Ich auch!...

BLAUHORN *zu Trude:* Was will er denn von mir? Ich hab überhaupt kein Wort gesagt...

THEO Wenn ich mich recht entsinne, war davon die Rede, daß wir pro Woche tausend Eier kriegen. Die Sache dauert bisher genau sechs Wochen – wo ist das Geld?

Grimm steht auf. Er geht zur Kommode, zieht eine Schublade auf, nimmt ein kleines Bündel mit Bankbelegen heraus und wirft es auf den Tisch.

GRIMM Hier s i n d die Bankbelege. Und wenn ihr nich so 'ne verlogene Bande wärt, würdet ihr zugeben, daß ihr sie längst durchgesehen habt... *Er blättert in den Belegen, findet einen bestimmten, reißt ihn aus dem Bündel heraus und wirft ihn vor die anderen.* Das is bis jetzt die einzige Überweisung... *Niemand sieht hin.* Dreitausend Mark, das Datum steht drauf. Mit dem Produzenten Meister is ausgemacht, daß die Schlußrechnung am Ende erfolgt. Wie's das Wort besagt – S c h l u ß rechnung. Und das wißt ihr ganz genau!

THEO Dreitausend durch vier, das macht pro Nase siebenhundertfünfzig. Wo ist der Rest?

GRIMM *spielt verzweifelt:* Wenn das nich meine eigene Familie wär, würde ich sagen, das sind stalinistische Verhörmethoden... *Er brüllt plötzlich:* Wo sind wir denn hier!!... *Dann aber zwingt er sich zur Ruhe und erklärt:* Der Schauspieler, der den Stasi-Fritzen gemacht hat, hat zwölfhundert Mark gekostet. Außerdem haben wir durch Steinheims tägliches Kommen 'ne Menge Sonderausgaben, die müssen auch davon bezahlt werden. Der Produzent hat zwar zugesichert, daß das verrechnet wird, aber eben erst am Ende. In der Schlußrechnung. Zufrieden?

Sekundenlange Stille. Blauhorn schlürft Kaffee.

BLAUHORN Ich war letzte Nacht in Hamburg...

Man sieht ihn an.

BLAUHORN Das heißt, auf einem Parkplatz in der Nähe von Hamburg. In einem Bus mit netten Leuten...

GRIMM *zu Trude:* Wozu erzählt er das jetzt?

TRUDE *zu Blauhorn:* Wieso auf einem Parkplatz?

BLAUHORN Es hat achtzehn Mark gekostet, Hamburg und zurück, Kaffee inbegriffen. Die wollten allerhand Zeug an uns loswerden, aber keiner hat was gekauft. Eisern.

TRUDE Bravo.

BLAUHORN Und weißt du, was die Schweine dann gemacht haben?... Uns auf'm Parkplatz abgestellt. Zwei'nhalb Stunden lang. Als 'ne Frau gemeckert hat, sie hätte 'ne Fahrt bis Hamburg bezahlt, haben sie gesagt, der Parkplatz gehört schon zu Hamburg...

GRIMM Ich möchte wissen, wieso er das jetzt erzählt!

TRUDE *ebenso aggressiv:* Weil Menschen gesellige Wesen sind und weil es in einer Familie üblich is, sich mitzuteilen, was man so erlebt hat. Zufrieden?

GRIMM *steht auf:* Ich wollte nur noch sagen, daß ihr

getrost Leute herholen könnt, wenn ihr glaubt, sie sind für Steinheim interessant... *Zu Blauhorn:* Und wenn du schon solche Scheißgeschichten zu erzählen hast, dann erzähl sie ihm und nich mir... *Er geht hinaus.*

TRUDE *zu Blauhorn:* Das heißt, sie haben euch richtiggehend erpreßt, etwas zu kaufen?

BLAUHORN Genauso isses.

TRUDE Und zwar?

THEO Zwei Kissen, stimmt's? Inge hat ihn in der Nacht damit ankommen sehen.

TRUDE Wozu brauchst du Kissen?

THEO *steht auf:* Weil er nach Hause wollte, Mann!...

TRUDE Ich würde die verklagen... *Sie steht auch auf.*

THEO Weißt du, was das heißt? Dann müßte Ostdeutschland Westdeutschland verklagen.

BLAUHORN Genau.

7. Bild
Arbeitszimmer Steinheims

Im Jogging-Anzug betritt Steinheim das Arbeitszimmer und muß sich wundern, denn auf seinem Hometrainer sitzt Lucie, in Turnzeug und verschwitzt, sie strampelt mit letzten Kräften. Auch als sie ihn bemerkt, hört sie nicht auf. Steinheim setzt sich an den Schreibtisch und breitet irgendwelche Papiere vor sich aus.

STEINHEIM Machst du noch lange?

LUCIE *keucht:* Bin gleich da...

STEINHEIM *nach ein paar Sekunden:* Ich hätte gewettet, daß du um diese Zeit im Verlag bist.

LUCIE *keucht und strampelt:* Und hättest verloren.

STEINHEIM Haben sie dich auf Kurzarbeit gesetzt?

Lucie antwortet nicht, sie tritt noch schneller als bisher – Endspurt. Dann bricht sie ab und richtet sich, schwer atmend, auf.

LUCIE Angekommen!...

Steinheim steht auf, nimmt von irgendwoher ein Handtuch und wirft es ihr zu.

STEINHEIM Im Ernst – wieso bist du nicht im Verlag?

LUCIE *leichthin:* Weil ich gekündigt habe.

STEINHEIM Wie bitte?

LUCIE Ich habe beschlossen, mich nicht länger ausbeuten zu lassen.

STEINHEIM *verblüfft:* Ach ja?

LUCIE Meine Freundinnen fragen mich schon lange, was ich an dieser hirnrissigen Arbeit finde.

STEINHEIM Sind das die, die vor lauter Einkäufen nicht zum Kuchenessen kommen?

LUCIE *um gute Stimmung bemüht:* Im Ernst, Anton, die Arbeit war stupide, ich mußte jeden Tag die Launen eines senilen und geilen Verlegers ertragen, und gekriegt hab ich dafür einen Hungerlohn.

STEINHEIM Ehrlich gesagt ist mir nie aufgefallen, daß du groß hungern mußtest.

LUCIE Wegen d e i n e s Einkommens, nicht wegen meines.

STEINHEIM Weißt du, alle Menschen, die ich kenne, sind der Überzeugung, daß sie für das, was sie tun, viel zuwenig Geld kriegen. Kündigen sie deswegen alle?

Lucie ist inzwischen vom Rad abgestiegen und hat

sich mit dem Handtuch den Schweiß abgewischt.
Nun setzt sich Steinheim auf den Hometrainer und
tritt los. Zu Anfang hat er noch genügend Luft für
die Unterhaltung.

LUCIE *plötzlich kühl:* Du möchtest also, daß ich wegen
  3270 Mark brutto weiter viermal die Woche in diesen Klapsmühlenverlag gehe?

STEINHEIM Dazu gäb's viel zu sagen ... Erstens: Du bist
  ein freier Mensch und kannst tun und lassen, was du
  willst ... Zweitens: So wenig Geld sind 3270 Mark
  nun auch wieder nicht ...

LUCIE *dazwischen:* 3270 Mark brutto.

STEINHEIM Drittens: Könnte es sein, daß du im Hinblick auf die Fernsehserie, mit der ich mich gerade
  beschäftige, gekündigt hast?

LUCIE Ich habe im Hinblick auf mich gekündigt.

STEINHEIM Dann ist gut. Die Sache ist nämlich absolut
  noch nicht sicher ... *Lucie geht zur Tür, legt sich das*
  Handtuch um den Hals.

LUCIE Und du – gehst du heute nicht zur Arbeit?

STEINHEIM Zur Arbeit?

LUCIE Zu deiner Familie Grimm?

STEINHEIM Erst später. Vorher bin ich in einem Café zu
  einem Interview verabredet.

LUCIE Fernsehen?

STEINHEIM Zeitung.

LUCIE Über die Serie?

STEINHEIM Natürlich über die Serie. Nach was anderem
  fragt mich ja keine Sau mehr.
  Sie geht hinaus. Er strampelt.

8. Bild
Café

Das Café ist nicht voll um die Vormittagszeit. Die Journalistin sollte eine aufgedonnerte Person um die Vierzig sein. Auf ihrem Tisch steht, außer dem Kaffee, ein kleines Tonbandgerät. Sie sieht Steinheim kommen, der von Lucie begleitet wird. Sie steht auf.

DIE JOURNALISTIN *ihre Gedanken:* Was für eine Ziege schleppt der denn da an?
Die beiden kommen an den Tisch, geben ihr die Hand, man stellt sich vor, Steinheim stellt Lucie vor: Meine Frau Lucie. *Die Journalistin heißt Isolde Moll.*

LUCIE *zur Erklärung für ihre Anwesenheit:* Wir haben nämlich noch nicht gefrühstückt...
Isolde Moll lächelt süßlich, was bleibt ihr anderes übrig, froh darüber ist sie jedenfalls nicht. Man setzt sich.

STEINHEIM Wir sollten schnell anfangen, denn ich habe nicht viel Zeit. Ich muß zu meiner Ostberliner Familie – Sie wissen Bescheid? Zu meiner Wissensquelle.

ISOLDE MOLL Genau in dem Zusammenhang möchte ich Sie um einen Gefallen bitten: Könnten Sie mir die Adresse dieser Leute geben? Meine Redaktion möchte, daß ich sie porträtiere.

STEINHEIM Ich weiß nicht, ob ich das so einfach tun darf... Vorher müßte ich sie wohl fragen.

ISOLDE MOLL Ich wäre Ihnen dankbar, wenn Sie das vermitteln könnten. Sagen Sie ihnen bitte, wir würden auch ein bescheidenes Honorar zahlen...

Lucie winkt einer Serviererin.

STEINHEIM Will ich gerne tun.

ISOLDE MOLL Danke... Sie haben hoffentlich nichts dagegen, wenn ich jetzt auf diese Taste drücke? Damit ich nicht mitschreiben muß. *Sie zeigt auf den Einschaltknopf ihres Tonbandgeräts.*

STEINHEIM Absolut nicht...

Sie tut es und schiebt den Apparat näher an Steinheim heran. Das Interview fängt an.

ISOLDE MOLL Mich würde vor allem interessieren, ob sich...

Sie unterbricht sich, denn die Serviererin ist an den Tisch getreten. Sie will je eine Speisekarte vor Lucie und Steinheim hinlegen, doch Lucie braucht keine Karte.

LUCIE Ich weiß schon, was ich will: Müsli, Orangensaft, frischgepreßten, wenn's geht, und einen Milchkaffee.

Isolde Moll stellt das Tonband ab.

STEINHEIM *zur Serviererin:* Und für mich zwei Rühreier, Schinken, Toast und Tee.

Die Serviererin geht mit den Karten davon.

STEINHEIM *ruft ihr hinterher:* Und etwas Konfitüre!...

Die Serviererin, schon ein paar Schritte entfernt, hebt lässig die Hand zum Zeichen, daß sein Wunsch bei ihr angekommen ist. Die Moll legt den Finger drückbereit auf die Taste, verharrt aber, wie um abzuwarten, ob noch weitere Störungen kommen. Sie sieht Steinheim an, der nickt ihr zu, es kann losgehen; da erst schaltet sie das Tonband wieder ein.

ISOLDE MOLL Wenn ich es recht verstehe, soll doch die

Fernsehserie, an der Sie zur Zeit arbeiten, irgendwie dazu beitragen, daß es beim Prozeß der deutschen Vereinigung – salopp ausgedrückt – weniger knirscht?

STEINHEIM *nach kurzem Nachdenken:* Das wäre ein ziemlich großer Anspruch für eine Serie, den Sie nennen, aber im Prinzip ist da was dran. Wobei ich mir keineswegs sicher bin, ob diese Rechnung aufgeht – ich kann's nur hoffen.

Lucie steht auf, geht zu einer Reihe von Wandhaken, an denen Zeitungen hängen, die von Holzstöcken gehalten werden, nimmt sich eine, kommt zurück zum Tisch, schlägt die riesige Zeitung auf, liest. Unterdessen geht das Interview natürlich weiter.

ISOLDE MOLL Mich würde interessieren, ob Ihre eigenen Ansichten über die Einheit sich geändert haben, seit Sie sich mit diesem Projekt beschäftigen?

LUCIE *hinter der Zeitung – ihre Gedanken:* Was geht denn d i c h das an? Los, sag ihr, daß sie das nichts angeht!

STEINHEIM Ich verstehe Ihre Frage nicht ganz. Was meinen Sie mit m e i n e n A n s i c h t e n ü b e r d i e E i n - h e i t? Ob ich sie richtig oder falsch finde?

ISOLDE MOLL Ich habe irgendwo gelesen, daß Sie vor allem deshalb für eine Weile mit dieser Familie aus dem Osten zusammensein wollten, um die Probleme der Ostleute besser zu begreifen...

STEINHEIM Stimmt.

ISOLDE MOLL Jetzt s i n d Sie eine Weile mit denen zusammen. Würden Sie sagen, daß sich Ihre Westsicht auf die Dinge mit der Zeit wandelt? Oder hat diese neue Erfahrung damit nichts zu tun?

LUCIE *Nahaufnahme der Zeitung (über deren Rand Lucies Augen zu sehen sein könnten), ihre Gedanken:* Laß dich um Himmels willen nicht auf dieses Gequatsche ein. Das interessiert doch keinen Schwanz!...

STEINHEIM Es liegt auf der Hand, daß man einen um so besser versteht, je näher man ihn kennenlernt...

LUCIE *Nahaufnahme der Zeitung, ihre Gedanken:* Umwerfende Erkenntnis!

STEINHEIM *weiter:* Nicht anders geht es mir. Sicher, auch vorher wußte ich, daß die im Osten mit Schwierigkeiten zu kämpfen haben, die anders beschaffen sind als unsere Westschwierigkeiten. Nach vierzig Jahren Zweistaatlichkeit geht das auch gar nicht anders...

LUCIE *Nahaufnahme der Zeitung, ihre Gedanken:* Na großartig – das wird genau eins dieser ätzenden Interviews, für das dich die Leute so lieben!
Die Zeitung sinkt, Lucies Augen blicken Steinheim strafend an. Doch der ist beschäftigt.

STEINHEIM *weiter:* Aber erst jetzt, nachdem ich sozusagen meine Nase in diese spezifischen Schwierigkeiten gesteckt habe, kann ich beurteilen, daß in der Entwicklung der letzten Jahre nicht nur eine große Chance für diese Menschen liegt, sondern auch ein gewisses Maß an Ungerechtigkeit...
Ausnahmsweise sollte die Szene nicht mit einem Schnitt enden, sondern langsam ab- und ausgeblendet werden.

9. Bild
Im fahrenden Auto

Lucie sitzt am Steuer ihres Wagens, sie fährt Steinheim nach Ost-Berlin zu den Grimms.

LUCIE Wenn ich es mal zurückhaltend ausdrücken darf: Das Interview gehört nicht zu den drei besten, die ich in meinem Leben gehört habe.

STEINHEIM *schlechtgelaunt:* Weiß ich selber... Und ich kann dir auch genau erklären, was der Grund ist...

LUCIE *spitz:* Ich weiß, was du sagen willst: daß es an den Fragen dieser Ziege gelegen hat. Deine Antworten haben natürlich nichts damit zu tun.

STEINHEIM Meine Antworten waren deshalb so lahm, weil ich mich die ganze Zeit geärgert habe.

LUCIE Geärgert? Worüber?

STEINHEIM Über dich.

LUCIE Das ist ja mal was ganz Neues...

Es vergeht eine Pause.

LUCIE *als wollte sie das Thema wechseln:* Soll ich dich nachher von den Grimms abholen?

STEINHEIM *ärgerlich:* Ich kann einfach nicht verstehen, wie leichtfertig du deine Arbeit hingeschmissen hast.

LUCIE Das sagtest du schon... Beruhigt es dich, daß ich vorhabe, mir eine andere zu suchen?

STEINHEIM Nicht im geringsten. Denn du findest keine.

LUCIE Ich bin mit zwei Verlagen in Kontakt, und bei beiden sieht es nicht schlecht aus.

STEINHEIM Lektoren gibt es wie Sand am Meer.

LUCIE Schlechte Lektoren.

STEINHEIM Sag ich ja: Lektoren.

Wieder vergeht eine kurze Pause.

LUCIE Also was ist – soll ich dich abholen oder nicht?

STEINHEIM *plötzlich mit erhobener Stimme:* Diese
Leute suchen sich dumm und dämlich nach Arbeit,
die kennen überhaupt kein anderes Thema, und du
wirfst sie einfach weg!
Lucie verdreht die Augen.

10. Bild
Küche der Grimms

*Blauhorn und Grimm am Küchentisch, sie essen zu Mit-
tag, Pellkartoffeln mit Quark und Leinöl. Auf dem Tisch
liegt schon ein hübsches Häufchen Kartoffelschalen, sie
sind bald fertig.*

BLAUHORN Du hast neulich gesagt, wir hätten wegen
dem Dichter 'ne Menge Sonderausgaben...?

GRIMM *mufflig:* Nich wir. Ich.

BLAUHORN Hast du damit das Essen gemeint?

GRIMM Zum Beispiel.

BLAUHORN Da hätte ich 'ne Idee... Je bescheidener das
is, was auf'n Tisch kommt, um so seltener wird er
zum Essen bleiben.

GRIMM Was glaubst du, warum ich dich in letzter Zeit
sooft kochen lasse?
*Blauhorn verzieht den Mund und salzt sich seine
letzte Kartoffel. Es klingelt.*

BLAUHORN Isser das?

GRIMM Sobald du die Tür aufmachst, wirst du's wissen.

BLAUHORN Ich fliege...
Er erhebt sich schwerfällig, sein Alter demonstrie-
rend, und geht aus der Küche. Die Tür läßt er offen.
Grimm steht auch auf, er beginnt, den Tisch zu
säubern. Dann wird er aus dem Flur gerufen, von:
BLAUHORN Benno!...
Grimm geht aus der Küche.

11. Bild
Flur bei Grimms

Blauhorn hat einen Besucher eingelassen.

BLAUHORN Du hast Besuch...
Grimm ist eben aus der Küche gekommen, er kennt
den Fremden: Norbert Lobeck, kaum über Vierzig.
Lobeck hat einen kleinen Koffer bei sich wie ein
Vertreter, den stellt er ab, als er Grimm sieht. Er
strahlt Grimm an und breitet die Arme aus.
LOBECK Tag, Benno...
Sie umarmen sich zur Begrüßung, Grimm mit ent-
schieden weniger Enthusiasmus als der andere.
Dann:
GRIMM Bist du auf der Durchreise? Wohnst du nich
mehr in Berlin?
LOBECK *sofort ernst:* Wenn du's schon selber anschnei-
dest, will ich gleich mit der Tür ins Haus fallen:
Könnte ich für'n paar Tage bei dir wohnen?... Be-
stimmt nich für lange...
Grimm sieht unglücklich zu Blauhorn.

GRIMM Is deine Wohnung abgebrannt?

LOBECK So was Ähnliches: Lola hat mich rausgeschmissen. Sie kann's nich länger mit mir aushalten... Sagt sie... Nur für 'n paar Tage, ich schwör's dir... *Blauhorn zieht sich in die Küche zurück, das hier ist nicht seine Sache.*

12. Bild
Wohnzimmer der Grimms

Grimm und Lobeck kommen herein. Lobeck stellt das Köfferchen an der Tür ab und läßt sich in einen Sessel fallen.

GRIMM Diese zarte, schwache Person kann dich rausschmeißen?... Kaum zu glauben.

LOBECK Die is leider stärker, als du denkst.

GRIMM Früher hättest du dir das nich gefallen lassen.

LOBECK *seufzt:* Früher!... Erzähl du mir nich, was früher war. Früher waren wir kleine Könige, und heute sind wir große Ärsche... *Er bettelt:* Komm – in drei, vier Tagen bin ich wieder verschwunden...
Grimm ist ans Buffet getreten und hat zwei Gläser herausgenommen.

GRIMM 'n Schnaps?

LOBECK Gerne...
Im folgenden gießt Grimm ein.

GRIMM Was is überhaupt passiert? So was kommt doch nich über Nacht?

LOBECK Lola nennt mich plötzlich 'ne Altlast. Sie sagt,

solange ich bei ihr bin, hat die DDR nich aufgehört
zu existieren...

Sie stoßen an und trinken, jeder ein Gläschen.

GRIMM Will sie sich scheiden lassen?

LOBECK Das sagt sie jedenfalls.

GRIMM Und du?

LOBECK Ich will nich. Aber darauf kommt's nich an...
Heute sind doch alle gegen uns. Wenn die dem Schei-
dungsrichter erzählt, daß ich zweiter Parteisekretär
war, muß ich doch die Klappe halten. Alles, was 'n
zweiter Parteisekretär sagt, is gelogen. Alle Vorwürfe, die man ihm macht, sind berechtigt.

GRIMM Übertreib mal nich.

LOBECK Weißt du, mit welcher Begründung sie mich
schon vor Wochen aus'm Schlafzimmer verjagt
hat?... *Grimm sieht ihn fragend an.* ...Ich war
doch mal Kampfgruppenkommandeur: Sie behauptet, daß ich im Schlaf immer noch Befehle an meine
Leute gebe!...

GRIMM Das würde sogar ich als Beeinträchtigung der
Nachtruhe ansehen... Tust du's wirklich?

LOBECK Es is todsicher gelogen, aber wie soll ich denn
das Gegenteil beweisen? Wird so ein dicker fetter
Westrichter ihr glauben oder mir?

GRIMM *hebt die Wodkaflasche:* Willst du noch einen?
*Lobeck schüttelt den Kopf. Grimm stellt die Flasche
zurück ins Buffet.*

LOBECK *scheint eine Idee zu haben:* Weißt du, was vielleicht 'n Gegenbeweis wäre?... Wenn, sagen wir,
wir beide in einem Zimmer schlafen würden. Und
wenn du dann als Zeuge aussagst, daß sie lügt: Daß
ich nachts stumm bin wie'n Fisch.

GRIMM Ich glaube, du hast 'n Knall... *Er setzt sich.*

LOBECK Vielleicht gibst du mir doch noch einen...

Grimm gießt wieder Wodka ein, diesmal nur für Lobeck.

LOBECK Weißt du, was die fertiggebracht haben?... Daß man sich mit so einer Vergangenheit überhaupt nich mehr traut zu widersprechen.

GRIMM Früher waren die einen angeschissen, und heute sind's die anderen. So isses nun mal... *Er reicht Lobeck das volle Gläschen.* Du sagst, du willst bloß 'n paar Tage bleiben. Und dann?... Was soll sich denn in'n paar Tagen ändern?

Blauhorn steckt den Kopf herein.

BLAUHORN *zu Grimm:* Könntest du bitte mal 'ne Sekunde rauskommen?

GRIMM *fühlt sich belästigt:* Muß es jetzt gleich sein?

BLAUHORN Ja, es muß.

Widerwillig geht Grimm hinaus.

13. Bild
Flur bei Grimms

Grimm kommt aus dem Wohnzimmer, Blauhorn steht schon da.

GRIMM *gereizt:* Was is los?

Blauhorn gibt ihm mit der Hand ein Zeichen, daß er zuerst die Tür zumachen soll. Grimm tut es.

GRIMM Kann man nich fünf Minuten in Ruhe reden??

BLAUHORN *unbeeindruckt und gedämpft:* Auch wenn du diesen Herrn Lübeck...

GRIMM *unterbricht ihn:* Der heißt nich Lübeck. Er heißt Lobeck.

BLAUHORN *setzt von vorn an:* Auch wenn du diesen Herrn Lobeck für ein Ekelpaket hältst...

GRIMM *unterbricht wieder:* Wie kommst du darauf? Wann hab ich das je behauptet?

BLAUHORN *mit übermenschlicher Selbstbeherrschung:* Dann hast du's eben nich gesagt. Könntest du mich jetzt mal ausreden lassen?... Auch wenn du den Herrn Lübeck...

GRIMM Lobeck.

BLAUHORN *redet einfach weiter:* ... am liebsten wieder wegschicken möchtest – wofür ich viel Verständnis hätte, schließlich sind wir kein Hotel –, möchte ich dich an den Vortrag erinnern, den du uns neulich gehalten hast: daß wir unserem Schriftsteller was bieten müssen...

Er macht eine Pause. Und Grimm scheint sich den Hinweis durch den Kopf gehen zu lassen.

BLAUHORN Es könnte nämlich sein, daß einer wie der Lübeck ihn tausendmal mehr interessiert als wir alle zusammen. Das wollte ich dir nur sagen, bevor du wieder mal handelst, ohne nachzudenken...

GRIMM *feindselig:* Und deswegen rufst du mich extra aus'm Zimmer?

BLAUHORN Ja, deswegen.

Er macht kehrt und verschwindet in der Küche.

14. Bild
Wohnzimmer der Grimms

Grimm kommt zurück. Lobeck steht an dem Tisch mit den Ankerbausteinen – es könnte eine halbfertige Burg errichtet sein.

LOBECK Beschäftigst du dich immer noch damit?

GRIMM Was heißt immer noch? Jetzt fang ich erst richtig an. Früher hatte ich ja nie Zeit.

LOBECK Das heißt, du hast immer noch keine Arbeit?

GRIMM So kann man's auch sagen.

LOBECK Was in Aussicht?

GRIMM Verschiedenes: daß mein Sohn 'n Job findet. Daß meine Frau befördert wird. Daß mein Schwiegervater hier auszieht ... Ich bin umzingelt von Aussichten.

LOBECK Klingt das etwa resigniert? ... War doch noch nie deine Art.

GRIMM Ich hab 'n paar Ideen für Geschäftsgründungen. Alle Leute finden die toll, bloß die dämliche Bank nich, die mir Geld dafür borgen muß.

LOBECK Das Problem kenn ich, mußt' ich mich selber mit rumschlagen ... *Er nimmt eine Schachtel Zigaretten aus der Tasche, eine ostdeutsche Marke, F6.* Was dagegen?
Grimm schüttelt den Kopf, und Lobeck zündet sich eine an.

LOBECK Aber im Prinzip liegst du richtig: Sich selbständig machen is die einzige Chance, die sie unsereinem heute lassen. Die z w i n g e n einen geradezu, Ausbeuter zu werden.

GRIMM Tu mir einen Gefallen und sprich nich dauernd von unsereins. Ich kann mir gar nich vorstellen, wen du damit meinst. Ich war nie Parteisekretär.
Lobeck sieht ihn verwundert an, vielleicht gekränkt.

LOBECK Entschuldige, waren wir nich immer auf derselben Seite?

GRIMM Ich war immer auf meiner Seite, und du warst immer auf deiner Seite. Manchmal war's dieselbe und manchmal nich.

LOBECK Verstehe...
Es klingelt.

LOBECK Erwartest du Besuch?

GRIMM *wedelt den Rauch weg:* Das is der Schriftsteller Steinheim. Kennst du ihn?...
Lobeck schüttelt den Kopf.

GRIMM Der schreibt was über'n Osten und macht sich dafür bei uns sachkundig.

LOBECK Bei euch? Wie isser auf euch gekommen?
Grimm sieht ihn unerfreut an, er hat keine Lust, die umständliche Geschichte zu erzählen.

GRIMM Wir haben uns an einem Wettbewerb um die typischste Ostfamilie beteiligt und den ersten Preis gewonnen.

LOBECK *begütigend:* Schon gut, schon gut, geht mich ja nichts an...
Die Tür geht auf, Steinheim kommt herein. Blauhorn macht die Tür von außen wieder zu.

STEINHEIM Guten Tag...
Er gibt Grimm, der aufgestanden ist, die Hand, dann sieht er auf den Fremden.

GRIMM *stellt vor:* Das is Herr Steinheim, Autor – das is Norbert Lobeck, 'n alter Bekannter...

Die beiden geben sich die Hand, sie sagen Angenehm
und Freut mich. *Man setzt sich.*

GRIMM *zu Steinheim:* Im Moment gehört er zur Katego-
rie der Obdachlosen. Seine Frau hat ihn zu Hause
rausgeschmissen, deswegen wird er für 'n paar Tage
bei uns wohnen...
*Wir sehen das zuerst verwunderte, dann erfreute
Gesicht von Lobeck, der von seinem Glück ja bisher
nichts gewußt hat. Grimm sieht ihn keine Sekunde
dabei an.*

GRIMM *zu Steinheim:* Macht Ihnen doch nichts aus?

STEINHEIM Mir?... Was habe ich dabei mitzureden?
Außerdem wissen Sie, daß ich immer neugierig auf
Ihre Freunde bin.

GRIMM *korrigiert:* In diesem Fall müssen Sie neugierig
auf 'n Bekannten sein.

STEINHEIM *lächelnd:* Auch das...
*Er blickt freundlich zu Lobeck, wie um keine Pein-
lichkeit nach Grimms grober Bemerkung aufkom-
men zu lassen.*

STEINHEIM *zu Lobeck:* Kennen Sie sich von der früheren Arbeit her?

LOBECK Ja, wir waren im selben Betrieb.

GRIMM Er war unser Parteisekretär. *Das Wort erregt
Steinheims höchste Aufmerksamkeit.*

LOBECK *korrigiert:* Zweiter Parteisekretär.

STEINHEIM Das ist ja aufregend... Sie sind der erste
Parteisekretär, den ich jemals gesehen habe.

GRIMM *wie um Lobeck zuvorzukommen:* Und be-
stimmt auch der erste zweite Parteisekretär.
*Steinheim nestelt seinen Kassettenrecorder aus der
Tasche und stellt ihn auf den Tisch.*

STEINHEIM *zu Lobeck:* Sie haben doch hoffentlich nichts dagegen, wenn ich hin und wieder diesen Recorder anmache? Ich weiß nicht, ob Herr Grimm Ihnen gesagt hat, daß ich...

GRIMM Hab ich.

Lobeck sieht unzufrieden auf den Recorder, den Steinheim an die richtige Stelle spult.

LOBECK Ich weiß nicht... Was haben Sie damit vor?

GRIMM Auch das hab ich dir erklärt. Das Tonband gehört bei uns zu den Geschäftsbedingungen. Das is sozusagen die Miete, die du zahlen mußt.

STEINHEIM *begütigend:* Ihnen droht wirklich keine Gefahr, und wenn Sie die ungeheuerlichsten Dinge sagen. Jedenfalls nicht von mir.

GRIMM *zu Lobeck:* Da is Verlaß drauf.

Lobeck fügt sich in sein Schicksal, wenn auch sichtlich ungern. Steinheim hat nun sein Band an der gewünschten Stelle. Doch ihm fällt, bevor er auf die Aufnahmetaste drückt, noch etwas ein.

STEINHEIM *zu Grimm:* Bevor ich's vergesse – ich soll Ihnen etwas ausrichten: Eine Journalistin, eine Frau Moll, möchte Sie besuchen und einen Artikel über Sie oder Ihre Familie schreiben, genau hab ich's nicht verstanden. Irgendwo habe ich eine Telefonnummer, am besten, Sie rufen die Frau mal an... *Er sucht in seiner Tasche nach der Nummer.* Von einem Honorar hat sie auch was gesagt. Da ist sie...

15. Bild
Feines Restaurant

Lucie und Steinheim in einem erstklassigen Restaurant. Auf ihrem Tisch eine kleine Pyramide aus Obst, sie sind schon beim Dessert. Neben dem Tisch ein Sektkübel. Als Lucie ihre zusammengeknüllte Serviette auf den Tisch legt, fällt von der Pyramide, von niemandem bemerkt, ein Pfirsich herunter und kullert durch den Raum, unter irgendeinen Tisch. Steinheim winkt Lucie näher zu sich heran, als wollte er ihr einen Kuß geben oder etwas zuflüstern. Sie beugt sich vor. Doch er sagt nichts, er stellt den kleinen Recorder dicht vor sie hin und drückt auf eine Taste. Man hört, zuerst in ziemlicher Lautstärke, die Steinheim aber sofort herunterdreht,

LOBECKS STIMME Sie müssen's mir ja nich glauben, aber ich bin nich aus Karrieregründen zweiter Parteisekretär geworden, sondern aus Idealismus... Das könnte euch Westlern so passen, daß es früher bei uns keinen Idealismus gegeben hat!...
Die beiden lauschen vorgebeugt und sehen sich an dabei, bis der Oberkellner an den Tisch herantritt und sich räuspert. Sie blicken auf, Steinheim stellt den Recorder ab.

KELLNER *sehr höflich:* Es tut mir leid, aber das stört die anderen Herrschaften...

STEINHEIM Natürlich, Entschuldigung...
Er steckt den Recorder in die Jackentasche und blickt sich um. Von einem nahe gelegenen Tisch sieht ihn eine alte Dame vorwurfsvoll an.

LUCIE *zum Kellner:* Wenn wir's nächstemal herkom-

bringen wir Kopfhörer mit. *Der Kellner geht mit einer leichten Verbeugung, ganz so, als hätte sie einen hochvernünftigen Vorschlag gemacht.*

STEINHEIM Ich spiel's dir nachher im Bett vor, wenn du Lust hast... Du machst dir keine Vorstellung, in was für eine bizarre Welt ich eingetaucht bin: Parteisekretäre, Dispatcher, Stasi-Leute, Arbeitslose... Und alles wie in einer Nußschale...

LUCIE Arbeitslose hast du jetzt auch zu Hause.

STEINHEIM Ich meine richtige Arbeitslose.

16. Bild
Küche der Grimms

Blauhorn sitzt am Küchenfenster und liest eine Illustrierte. Im Küchenradio läuft eine fürchterliche Sendung: Gerade geht eine Musik wie Man müßte noch mal Zwanzig sein *zu Ende, und es meldet sich eine Sprecherin.*

SPRECHERIN Mit unserer nächsten Musik grüßen Gerlinde, Helmut, Renate, Walter und die fünf blonden Engel aus Limbach-Oberfrohna ihre liebe Oma Luise zum achtundsiebzigsten Geburtstag. Alles erdenklich Gute für dich, liebe Großmutter, und noch viele schöne Stunden nach einem erfüllten, arbeitsreichen Leben...

Und es setzt wieder eine entsprechende Musik ein. Unterdessen ist Trude in die Küche gekommen, mit einer Aktentasche in der Hand. Blauhorn hat sie nicht bemerkt. Trude stellt die Tasche ab, dann sieht sie zu ihrem lesenden Vater, dann macht sie das Radio aus. Da erst blickt Blauhorn auf.

TRUDE Weißt du, wie man solche Sendungen nennt?

BLAUHORN *arglos:* Das is 'ne Geburtstagsgrußsendung mit Musik.

TRUDE Man nennt sie Erbschleichersendungen...
Während des folgenden geht sie zum Kühlschrank und nimmt sich etwas zu trinken, sie ist ziemlich fertig. Mit dem gefüllten Glas setzt sie sich.

TRUDE Is unser Dichter da?

BLAUHORN Der is mit Lobeck weggegangen.

TRUDE Is ja auch nich so furchtbar... Warum bist du nich im Zimmer?

BLAUHORN Ich bin da nich erwünscht.
Er fängt wieder an zu lesen.

TRUDE Hat's Streit gegeben?

BLAUHORN Er hat mich rausgeschmissen. Nachdem ich Kaffee gemacht habe. Ohne Streit... Schließlich gehört i h m das alles hier – er darf das.

TRUDE Und warum?

BLAUHORN Weil ich mit meinem dauernden Dazwischenquatschen störe. Er gibt gerade 'n Interview.

TRUDE *verblüfft:* Er gibt ein Wa s?

BLAUHORN 'ne Frau von der Zeitung sitzt drin, und Benno erzählt ihr, wie er den Laden hier schmeißt.

TRUDE Waren sie verabredet?

BLAUHORN Offenbar ja. Aber mir hat er nichts vorher gesagt.

TRUDE Mir auch nich... Wollen wir uns das gefallen lassen?

BLAUHORN, *beim Lesen, gleichgültig:* Was soll's...

17. Bild
Wohnzimmer der Grimms

Bei Grimm ist die Journalistin Isolde Moll, die wir kennen. Auf dem Tisch Kaffeegeschirr und der Kassettenrecorder der Moll. Das Band läuft, Grimm gibt Auskunft.

GRIMM Ob er da is oder nich – wir versuchen so zu leben
wie sonst auch. Das heißt nich, daß Herr Steinheim
für uns Luft wäre, sondern ich will damit sagen, daß
wir uns nich etwa seinetwegen verstellen ... Das wär
ja auch nich der Sinn der Sache, denn er soll einen
Eindruck von der Situation kriegen, wie sie is, und
nich, wie man sie für ihn arrangiert ...
*In diesem Augenblick kommt Trude herein, und sie
zieht den widerstrebenden Blauhorn hinter sich her.
Sie lächelt die Journalistin verkrampft an.*

TRUDE Guten Tag, ich bin Frau Grimm ...
Die Moll steht auf, sie geben sich die Hand.

ISOLDE MOLL Freut mich – Moll ...

TRUDE *zeigt auf Blauhorn:* Und das ist mein Vater, Herr
Karl Blauhorn ...

ISOLDE MOLL *lächelnd:* Wir kennen uns schon.

TRUDE *zu Blauhorn:* Setz dich irgendwohin, Papa, und
mach's dir bequem ... *Zu Isolde Moll:* Das hier
dauert doch sicher noch eine Weile?

ISOLDE MOLL Ja, wir sind noch lange nicht fertig ...
*Sie nimmt wieder Platz, Trude ebenfalls. Auch Blauhorn setzt sich, aber so weit entfernt wie nur möglich. Bis jetzt hat Grimm der Szene finster zugesehen,
aber nun kann er nicht länger schweigen.*

GRIMM *zu Trude:* Hat dir Herr Blauhorn nich gesagt...

TRUDE *unterbricht ihn:* Doch, ich glaube, er hat mir alles gesagt. Aber wir interessieren uns beide sehr dafür, was hier beredet wird. Irgendwie gehören wir ja auch zur Familie...

Sie wendet den Blick von Grimm zur Moll und strahlt sie an.

ISOLDE MOLL Sehr gern... Wir haben gerade über die Art von Hilfe gesprochen, die Herr Steinheim durch Sie erhält.

Trude nimmt den Deckel von der Kaffeetasse auf dem Tisch und sieht hinein.

TRUDE *stellt fest:* Is noch genug Kaffee drin... *Zu Grimm:* Sei doch so gut und hol mir 'ne Tasse, ich bin ziemlich kaputt.

Grimm hält das für ein starkes Stück. Aber er will keinen Skandal vor der Journalistin, widerwillig steht er auf und geht hinaus. Blauhorn grinst.

ISOLDE MOLL Darf ich fragen, was Sie von Beruf sind?

TRUDE Klar dürfen Sie. Lehrerin... Montag is leider der blödeste Tag bei uns.

ISOLDE MOLL Waren Sie auch schon früher Lehrerin?

TRUDE Ja, schon immer. Was haben Sie früher gemacht?

ISOLDE MOLL *irritiert:* Ich verstehe nicht ganz...?

TRUDE Ich habe Ihre Frage auch nich verstanden und trotzdem geantwortet.

ISOLDE MOLL Entschuldigen Sie, aber es ist doch wohl ein Unterschied, ob wir bei Ihnen von früher sprechen oder bei mir?

TRUDE *ernsthaft:* Warum?

ISOLDE MOLL Liegt das nicht auf der Hand?

TRUDE Sie meinen, weil ich aus'm Osten bin und Sie aus'm Westen?

ISOLDE MOLL So sind nun einmal die Fakten...

Grimm kommt mit einer Tasse zurück, die stellt er wortlos vor Trude hin und setzt sich wieder. Trude gießt sich Kaffee ein. Der Dialog geht derweilen ohne Unterbrechung weiter.

TRUDE Und das heißt – nur wir Ostler haben 'ne Vergangenheit, über die sich zu reden lohnt?... Ich hör's doch raus: Wenn Sie mich fragen, was ich früher getan habe, dann klingt das genauso, als wollten Sie fragen: Waren Sie früher bei der Stasi?

Die Moll hat Mühe, bei guter Laune zu bleiben.

ISOLDE MOLL Ich weiß nicht, wie Sie darauf kommen – ich habe nichts dergleichen im Sinn gehabt, glauben Sie mir bitte... Aber wir können dieses Thema auch gern beenden, ich bin nicht hergekommen, um mit Ihnen zu streiten...

GRIMM *zu Trude:* Hat's in der Schule Ärger gegeben?

TRUDE *trinkt Kaffee:* Nein... Tut mir leid, ich wollte euer Interview nich stören.

GRIMM Das is dir bis jetzt sehr gut gelungen.

ISOLDE MOLL *zu Trude, erklärend:* Wir machen gar kein Interview. Ich stelle nur ein paar Fragen, und Ihre Antworten sollen mir helfen, einen Artikel über Ihr Projekt mit Herrn Steinheim zu schreiben... Er scheint die Zusammenarbeit mit Ihnen sehr zu schätzen.

GRIMM Sagt er das?

ISOLDE MOLL O ja, er hat es mehrmals angedeutet. Er hat gesagt, ohne Sie könnte er diese Serie niemals schreiben.

BLAUHORN *aus dem Hintergrund:* Darf ich auch mal was sagen?

ISOLDE MOLL Aber natürlich...

Sie stellt den Recorder so hin, daß das Mikrophon auf Blauhorn gerichtet ist. Blauhorn steht auf wie in einer Versammlung.

BLAUHORN Herr Anton Steinheim is 'n sehr angenehmer Zeitgenosse, das können Sie in dem Artikel schreiben. Er is nie großkotzig, er weiß nich alles besser, und er is höflich, was heute 'ne große Seltenheit is. Wenn alle Westdeutschen so wären, säh's mit der Wiedervereinigung anders aus. Das is jedenfalls meine Meinung.

Er setzt sich wieder hin. Grimm verdreht die Augen. Isolde Moll wartet lächelnd ein paar Augenblicke, ob Blauhorn noch mehr zu sagen hat, dann wendet sie sich an Grimm und Trude.

ISOLDE MOLL Haben Sie je mit ihm über die Ziele und Absichten der Serie diskutiert? Hat er Sie da auch um Rat gefragt?

Grimm sieht Trude an.

GRIMM *zögernd:* Das eigentlich weniger. Oder...?

TRUDE Sie sehen das falsch. Wir haben mit dieser Serie nichts zu tun und wissen auch kaum was drüber. Wir sind, wie wir sind, Herr Steinheim guckt uns zu dabei, und was er später daraus macht, is nich unsere Sache.

18. Bild
Betriebsgelände

Wir sind auf dem Gelände eines großen, stillgelegten, verfallenden Betriebes. Zerbrochene Scheiben, Wrackteile von Maschinen, herausgefallene Türen, Dreck. Ein Kaninchen könnte eine Straße entlanghoppeln. Weit und breit kein Mensch, bis auf Lobeck und Steinheim. Lobeck zeigt Steinheim seine frühere Arbeitsstätte, und das heißt, auch die frühere Arbeitsstätte von Grimm. Steinheim sieht alles mit nicht geringem Staunen, er fotografiert andauernd.

LOBECK *zeigt auf einen Flachbau:* Dort war das Kulturhaus... Da haben fast alle unsere Veranstaltungen stattgefunden – Versammlungen, Tanzabende, Parteilehrjahr, Schachturniere und so weiter... *Steinheim fotografiert das Haus.* Da hat sich auch unsere Kampfgruppe getroffen, bevor's raus ins Gelände ging...

STEINHEIM Entschuldigen Sie die Unwissenheit eines Westmenschen: Was war das eigentlich – Kampfgruppe?
Lobeck muß über soviel Weltfremdheit lächeln.

LOBECK Die Kampfgruppen, das waren bewaffnete, halbmilitärische Einheiten, die nur aus den zuverlässigsten Genossen bestanden. Sozusagen die letzte Reserve der Partei, wenn's mal hart auf hart kommen sollte.

STEINHEIM *nach einer Pause:* Aber wenn es so ist, wie Sie sagen – wo waren dann die Kampfgruppen, als es tatsächlich hart auf hart kam?... Als es der Partei und der ganzen DDR an den Kragen ging?

LOBECK Das frag ich mich seit Jahren... Wahrscheinlich war das Kreuz, daß es keinen äußeren Feind gab.
Daß sich der Gegner im eigenen Haus eingenistet
hatte... Wenn die Angreifer von draußen gekommen wären, da hätten Sie uns mal sehen sollen!...
Die letzten Worte sollten am besten in einer Totalen
gesprochen werden.
Dann, an einer anderen Stelle, sehen wir an der
Wand einer Fabrikhalle ein verblichenes, doch gut
lesbares Transparent, weiße Schrift auf rotem
Grund:

> So wie wir heute arbeiten –
> So werden wir morgen leben!

Steinheim fotografiert. Lobeck steht da und sieht
versonnen auf die Losung.
LOBECK Und irgendwie isses auch genauso gekom-
men...
STEINHEIM Sie meinen, die DDR ist an ihrer schlechten
Arbeit zugrunde gegangen?
LOBECK Woran denn sonst? Denken Sie, an fehlender
Demokratie oder so 'nem Quatsch?... Solange es
den Leuten materiell gutgeht, is ihnen alles andere
egal. Zumindest schlucken sie's, das können Sie mir
glauben...
Sie gehen weiter. Steinheim blickt sich immerzu nach
Fotomotiven um.
LOBECK Sie denken, das sieht hier so verfallen aus, weil
der Betrieb stillgelegt is?...
Steinheim nickt.
LOBECK Und ich sage Ihnen, so hat's schon früher aus-
gesehen, als noch produziert wurde. Vielleicht 'n

paar Dreckhaufen weniger, obwohl ich da gar nich sicher bin... Wenn 'ne Scheibe kaputt war, holte man nich einfach den Glaser, sondern man mußte sich durch zwanzig Instanzen kämpfen. Wenn 'n Loch in der Straße war, mußten erst zwanzig Achsen brechen, bevor 'ne Reparaturbrigade anrückte... *Sie gehen durch einen anderen Teil des Werks, Lobeck redet weiter:* Es wurde nie was von allein instandgesetzt, einfach weil's fällig war. Der einzige Grund für Erneuerung, der was zählte, waren drohende Katastrophen. Aber weil die Partei ihre Augen nich überall haben konnte, waren Katastrophen was absolut Alltägliches...

Steinheim lächelt.

LOBECK *zeigt auf ein Gebäude:* In dem Haus da war das Büro von Benno Grimm. Im ersten Stock. Und gleich drüber die Parteileitung.

STEINHEIM Also Ihre Arbeitsstätte?

LOBECK Genau...

Steinheim fotografiert die geborstenen Scheiben. Plötzlich hören sie jemand rufen: Was machen Sie denn da?

Beide drehen sich um – ein alter Mann kommt auf sie zu, so schnell wie es sein steifes Bein zuläßt. Er hat einen Stock in der Hand. Er trägt eine Pförtnermütze, ansonsten aber keine Uniform.

STEINHEIM *zu Lobeck:* Vielleicht sollten wir verschwinden? Wir sind bestimmt schneller als der.

LOBECK Ach was...

Sie bleiben stehen, bis der Mann sie erreicht hat. Er atmet schwer von der Anstrengung.

DER ALTE Wer sind Sie? Was haben Sie hier zu suchen?

STEINHEIM Ist es verboten, sich umzusehen? Wir dachten, weil der Betrieb stillgelegt ist...

LOBECK *erkennt den Alten:* Du bist doch Wilhelm Meinicke?... Erkennst du mich nich? Ich bin Lobeck, Norbert Lobeck, ich war hier zweiter Parteisekretär!...

Meinicke sieht ihn kurz und skeptisch an.

MEINICKE Das kann jeder sagen. Was denken Sie, wer sich hier alles rumtreibt? Können Sie sich ausweisen? *Steinheim blickt unsicher zu Lobeck, aber der gibt ihm ein beruhigendes Handzeichen, das soviel heißt wie – ich mache das schon.*

LOBECK *zu Meinicke:* Klar kann ich das, Wilhelm, Augenblick...

Er nimmt aus seiner Jackentasche einen Ausweis und reicht ihn dem Alten.

MEINICKE Jeden Tag strolchen sie hier zu Dutzenden rum und klauen die Hallen leer. Und wenn's nachher wieder losgehen soll, is nichts mehr da...

Er blättert in Lobecks Ausweis herum. Steinheim fotografiert ihn dabei, aber das ist dem Alten offenbar egal.

LOBECK Ich zeige einem Bekannten nur meinen früheren Betrieb. Muß doch möglich sein, oder?...

Während des Blätterns ist Meinicke sein Krückstock zu Boden gefallen. Lobeck hebt ihn auf und gibt ihn dem Alten zurück. Der hat genug gesehen, er reicht Lobeck den Ausweis, die Kontrolle scheint für ihn erledigt.

STEINHEIM Von wem sind Sie hier angestellt?

MEINICKE Wenn nich einer 'n bißchen aufpassen würde, gäb's hier überhaupt nichts mehr!... *Er geht wieder*

weg von den beiden. Die Häuser hätten sie schon
geklaut!...
*Steinheim und Lobeck sehen dem davonhinkenden
Alten hinterher, Steinheim fotografiert ihn noch einmal.*

STEINHEIM Ist der hier wirklich angestellt?

LOBECK Unsinn, bei dem tickt's nich richtig. Früher war
er hier Pförtner. Der hatte schon immer 'ne Schraube
locker... Wahrscheinlich weiß er nich, was er 'n
ganzen Tag anfangen soll...
Der sich entfernende Meinicke.

LOBECKS STIMME Der hat die Einheit auch nich verkraftet...

19. Bild
Wohnzimmer der Grimms

*Noch ist das Interview nicht vorbei, noch sitzen Isolde
Moll, Grimm und Trude um den Tisch, auf dem Kaffeegeschirr steht und das Tonbandgerät. Nur Blauhorn, der
im Hintergrund des Zimmers sitzt, in einem Sessel, ist
inzwischen eingeschlafen. Zu Beginn blickt die Moll auf
einen Zettel in ihrer Hand.*

ISOLDE MOLL Ich denke, ich habe jetzt alle Fragen gestellt, die ich mir aufgeschrieben habe... Nur noch
eins würde ich gerne wissen: Was für Hobbys haben
Sie?
*Da lächelt Grimm, endlich entspannt. Doch Trude,
als sei ihr Interesse nun endgültig erloschen, steht
auf.*

GRIMM *gutgelaunt zu Trude:* Na los, erzähl der Frau Moll, was für Hobbys du hast.

TRUDE Mein größtes Hobby ist Küchenarbeit, dann kommt Staubwischen und nich zu vergessen Einkaufen, was ich jetzt noch tun muß ... Aber im Ernst, ich weiß, daß zu einem kompletten Menschen ein Hobby gehört, ich bin da total zurückgeblieben: Ich habe keins, tut mir leid, höchstens meinen Mann ... *Sie gibt der Moll die Hand.* Hat mich sehr gefreut.

ISOLDE MOLL Mich auch. Auf Wiedersehen, Frau Grimm.

Trude geht hinaus. Grimm sieht ihr hinterher – irgendwie scheint ihr souveränes Verhalten ihm zu imponieren.

ISOLDE MOLL Und wie sieht's bei Ihnen aus? Ich habe schon dieses kleine Kunstwerk da gesehen ... *Sie deutet auf das Tischchen mit der unfertigen Burg aus Anker-Steinen* ... Ist das Ihr Hobby?

Grimm wirft einen Blick auf seinen schlafenden Schwiegervater. Dann:

GRIMM Ach iwo, das sind Kindereien. Mein Schwiegervater beschäftigt sich damit ... Wissen Sie, bei uns im Osten waren Hobbys generell nich sehr verbreitet. Wir hatten gar keine Zeit für so was. Wir mußten entweder arbeiten oder auf Versammlungen rumsitzen oder anstehen. Jetzt is das zwar anders, aber so schnell stellt man sich ja auch nich um.

Isolde Moll nickt.

20. Bild
Straße der Grimms

Ein Taxi hält vor dem Haus der Grimms. Lobeck steigt aus, Steinheim muß noch bezahlen. Trude kommt aus dem Haus, mit leeren Einkaufsbeuteln. Sie sieht Lobeck, der sie mit einer Geste grüßt. Sie nickt kühl zurück.

TRUDE *ihre Gedanken:* Dieser Mann is wie 'n Nieselregen, der einfach nich aufhören will...
Dann steigt Steinheim aus dem Taxi. Sie treffen sich alle vor dem Haus.

STEINHEIM Da haben Sie uns wieder auf dem Hals. Ist das Interview oben schon fertig?

TRUDE Die Dame is noch da. Sie fragt Benno gerade nach seinen Hobbys.

LOBECK *will witzig sein:* So was interessiert die Leute, wenn man prominent is...
Doch Trude reagiert darauf mit keiner Miene.

TRUDE *zu Steinheim:* Ich muß noch einkaufen – die Herren sind ja alle beschäftigt.

STEINHEIM *nach einem Blick das Haus hoch:* Wenn es Ihnen nichts ausmacht, begleite ich Sie?

TRUDE Gerne... *Zu Lobeck:* Sie müssen sicher noch nach oben?
Lobeck entgeht nicht, daß er abgewiesen wird.

LOBECK Ja. *Er wendet sich zum Haus.*

TRUDE *ruft Lobeck nach:* Ich hoffe, es gibt Fortschritte bei Ihrer Wohnungssuche?...
Lobeck verschwindet im Haus, als hätte er nicht gehört. Trude und Steinheim gehen die Straße entlang.

STEINHEIM Fast könnte man glauben, daß Sie ihn nicht besonders mögen?...

Er lächelt, weil das ja sehr offenkundig ist.

TRUDE Stellen Sie sich vor, Sie sind 'ne Frau, und dann kommt 'n Mann, der auf jedem Betriebsvergnügen versucht hat, Ihnen unter'n Rock zu fassen, und er hat nich mal damit aufgehört, als Sie ihm eine geschmiert haben, und der macht sich wie 'ne Qualle in Ihrer Wohnung breit...

21. Bild
Küche der Grimms

Grimm trägt ein Tablett herein, auf dem das Kaffeegeschirr aus dem Zimmer steht. Ihm folgt Lobeck, er bringt Kanne und Zuckerdose, die auf dem Tablett keinen Platz mehr hatten. Irgendwo wird alles abgestellt. Dabei fällt Lobeck die Kanne, in der noch Kaffee war, auf den Boden und zerspringt.

LOBECK Oh Gott!... *Er sieht auf den Schaden.*
GRIMM Is nich weiter schlimm. Feg's auf, bezahl die Kanne, und alles is wieder in Ordnung...

22. Bild
Wohnzimmer der Grimms

Blauhorn schläft immer noch in seinem Sessel – inzwischen hat er eine günstigere Position gefunden, er liegt beinah. Er schnarcht, nicht sehr laut, doch deutlich hörbar. Grimm, der gerade hereingekommen ist, setzt sich aufs Sofa und sieht mißvergnügt zu seinem Schwiegervater. Er beginnt im Rhythmus von Blauhorns Schnarchen Geräusche zu machen, entweder zu pfeifen oder auf den Tisch zu schlagen. Jedenfalls wacht Blauhorn davon auf. Blauhorn reibt sich das Gesicht.

BLAUHORN Bin ich tatsächlich eingeschlafen?

GRIMM Vorher hast du ja zum Glück alles gesagt, was du auf'm Herzen hattest.

BLAUHORN *steht auf und reckt sich:* Is die Journalistin wieder weg?

GRIMM Seit drei Stunden.

Blauhorn sieht auf seine Uhr.

BLAUHORN Blödsinn...

Er geht zur Tür. Dort begegnet er Lobeck, der gerade hereinkommt.

LOBECK Na, wieder wach?

Blauhorn geht wortlos hinaus. Lobeck zündet sich eine Zigarette an.

LOBECK Wir waren in unserem Betrieb.

GRIMM Wer – wir?

LOBECK Steinheim und ich.

GRIMM Gibt's da noch was zu sehen?

LOBECK Untergang... Elend...

GRIMM Das gab's schon früher zu sehen.

LOBECK Nich so deutlich.

Grimm steht auf, geht zum Fenster und öffnet es.
Straßengeräusche.

GRIMM Jetzt sind wir endlich allein. Erzähl mal was
Genaueres über deine Ehestürme. Warum will sich
Lola scheiden lassen?

LOBECK Weil sie 'n Knall hat.

GRIMM Das versteht sich von selbst. Aber gibt's nich
noch andere Einzelheiten?

LOBECK Abneigung.

GRIMM Komm, das is kein Grund. Ich kenne kaum 'n
Ehepaar, das sich leiden kann. Deswegen läßt sich
noch lange keiner scheiden...

LOBECK Meine Frau schon.

GRIMM Is ihr klar, was das für Umstände macht?...
Auch in der Beziehung haben wir uns durch die
Einheit eindeutig verschlechtert.

LOBECK *zögernd:* In letzter Zeit war sie kaum noch 'ne
Nacht zu Hause... Vielleicht hat sie 'n Mann kennengelernt, is ja 'ne hübsche Frau.

GRIMM Das weißt du nich genau?

LOBECK Nein.

GRIMM Und willst du's nich wissen?

Lobeck zuckt mit den Schultern.

23. Bild
Straße vor einem Supermarkt

Trude Grimm und Steinheim kommen mit vollen Ein-
kaufsbeuteln aus einem Supermarkt, jeder mit zweien.
Sie laufen los, heimwärts.

TRUDE Kaufen Sie bei sich zu Hause auch ein? Oder
tut's Ihre Frau?

STEINHEIM *lächelt schuldbewußt:* Meistens meine
Frau... Eigentlich immer.

TRUDE *spottet freundlich:* Das heißt, Sie sind jetzt nur
aus Höflichkeit höflich? Oder studieren Sie gerade
die östlichen Einkaufsgewohnheiten?

STEINHEIM *im selben Ton:* Es steckt nichts dahinter. Ich
wollte mich nur nützlich machen.

TRUDE *weiter spöttisch:* In der Beziehung scheint's jedenfalls keine Probleme mit der Einheit zu geben...
Was ist sie von Beruf?

STEINHEIM Meine Frau? Verlagslektorin.

TRUDE Und sie geht nach der Arbeit einkaufen? Wie
ich?

STEINHEIM *verlegen:* Zur Zeit ist sie arbeitslos... Seit
ein paar Tagen.

TRUDE Entlassen?

Steinheim nickt zögernd.

TRUDE Tut mir echt leid – das grassiert wie die Pest...
Und wir denken immer, Sie kommen zu uns aus 'ner
völlig heilen Welt, als 'n Mensch ohne Sorgen...

24. Bild
Wohnzimmer der Grimms

Blauhorn kommt herein, eine Flasche Bier in der Hand.
Er sieht zu Grimm und Lobeck, die, wie zuvor schon, im
Zimmer sind.

BLAUHORN Bin ich zugelassen?
   Lobeck macht eine einladende Geste.
GRIMM Wenn du nich wieder so laut schnarchst... Und
   wenn du mir auch 'n Bier bringst...
   Blauhorn gibt ihm die Flasche.
BLAUHORN Das is das letzte... *Er setzt sich zu den*
   beiden. Vielleicht bringt Trude welches mit. Wo
   steckt sie überhaupt?
LOBECK Sie is einkaufen gegangen. Mit dem Schriftstel-
   ler.
GRIMM *sieht auf Blauhorn:* Jemand muß es ja tun. *Er*
   trinkt Bier.
BLAUHORN Was siehst'n mich so an? Ich geh ja wohl
   öfter einkaufen als du.
GRIMM Das wär ja auch noch schöner. Hast du 'n
   Bandscheibenvorfall, oder ich?
LOBECK Streitet nich, Kinder, jetzt is ja der Schriftsteller
   bei ihr.
BLAUHORN Ich glaube, ich muß mal nachsehen, ob's in
   meinem Zimmer friedlicher zugeht.
   Er verläßt das Zimmer, die Tür fällt deutlich ins
   Schloß.
GRIMM Was hast du von ihm für 'n Eindruck?
LOBECK Von deinem Schwiegervater?
GRIMM Quatsch, von Steinheim.

LOBECK So gut wie gar keinen – er sagt ja kaum was…
Und man kann ihm zeigen, was man will – er guckt
betroffen.

GRIMM Ja, betroffen gucken können sie hervorra-
gend…

25. Bild
Eiscafé

*In einem Eiscafé sitzen Trude und Steinheim, jeder vor
einem phantastischen Eisbecher, zu dem er sie vermut-
lich eingeladen hat. Auf dem Boden, neben den Stühlen,
die vollen Einkaufsbeutel.*

TRUDE Das letztemal hab ich einen Eisbecher gegessen,
als Theo noch 'n kleiner Junge war.

STEINHEIM Versuchen Sie nicht, die Rolle einer abge-
härmten, alten Frau zu spielen – Sie sind es nicht.

TRUDE *mit gespieltem Ernst:* Was verstehen Sie denn
vom Alter? Haben Sie, um nur 'n Beispiel zu nennen,
schon mal Rheumaschmerzen gehabt?

STEINHEIM Jeden zweiten Tag. Linkes Knie und linke
Schulter. Im Winter trage ich Angora-Unterwäsche.

TRUDE Kennen Sie das Gefühl, wenn junge Leute anfangen, einem auf die Nerven zu gehen, egal was sie tun
oder sagen?

STEINHEIM Mehr als mir mein Sohn können Ihnen
junge Leute gar nicht auf die Nerven gehen.

TRUDE Wissen Sie, wie's is, wenn man nich schlafen
kann, obwohl man hundemüde is?

STEINHEIM Erlebe ich jede Nacht. Meine Frau sagt, ich leide unter seniler Bettflucht.

TRUDE Dann leben wir ja in einer vergleichbaren Welt. Hätte ich gar nich gedacht...

STEINHEIM *unernst:* Sie haben gedacht, Sie sind zwei bis drei Generationen älter als ich, stimmt's?

TRUDE Bei Ihnen muß man genauer als sonst überlegen, was man so zusammenredet. Bestimmt legen Schriftsteller jedes Wort auf die Goldwaage?...

Er antwortet nicht, ißt Eis und sieht sie an.

TRUDE Dabei habe ich das mit dem Eisbecher gar nich im Hinblick aufs Alter gemeint. Ich wollte nur sagen, daß ich seit damals kaum mehr Zeit hatte... Für meinen Geschmack hab ich zuviel zu tun... Wissen Sie, was ich mir von der deutschen Einheit am meisten versprochen hatte?... Mehr Muße... Mehr Zeit für Ichweißnichwas... Hat aber auch nich geklappt...

Steinheim ißt Eis und sieht sie immer noch an.

TRUDE Was is los mit Ihnen?... Sie sagen nichts?

STEINHEIM *seine Gedanken:* Ich muß doch wohl übergeschnappt sein!...

STEINHEIM Bis heute bin ich noch nicht dazu gekommen, Sie richtig anzusehen. Jetzt tu ich's zum erstenmal.

TRUDE O Gott, das muß 'n Schock für Sie sein.

STEINHEIM Warum sagen Sie das?

Sie wirkt verlegen, gibt sekundenlang keine Antwort und ißt Eis.

TRUDE Wie lange haben Sie noch vor, bei uns zu bleiben?

STEINHEIM Sie haben allmählich genug von mir?

TRUDE Nein, nein. Ich überlege nur, was man für Sie noch veranstalten könnte. Bevor es langweilig wird.

STEINHEIM Darüber machen Sie sich mal keine Sorgen.

TRUDE Mach ich mir aber... *Ihre Gedanken:* Dafür sorgt schon Benno...

Nach dieser Szene sollte nichts mehr von dem winzigen Flirt zu spüren sein, der offenbar stattgefunden hat.

26. Bild
Straße

Wieder gehen Steinheim und Trude die Straße entlang, sie bringen die Einkäufe nach Hause. Doch nun trägt er alle Beutel, sie keinen einzigen.

STEINHEIM Kann man sagen, daß Ihr Mann und Lobeck befreundet sind?

TRUDE Ja, das kann man. Leider... Ich hatte gehofft, sie hätten sich aus den Augen verloren.

STEINHEIM Haben Sie noch mehr an ihm auszusetzen?

TRUDE Mehr als was?

STEINHEIM Als daß er Ihnen unter den Rock gegriffen hat?

TRUDE *korrigiert:* Als daß er's v e r s u c h t hat...

STEINHEIM *nickt:* Gibt es noch etwas anderes?

TRUDE Er is der widerlichste Anpasser, dem ich je begegnet bin... Ich selbst bin ja schon ziemlich anpassungsgefährdet. Und Benno is es bestimmt auch, aber gegen Lobeck sind wir Waisenkinder.

Sie überqueren die Fahrbahn. Dann:

TRUDE *fährt fort:* Kaum hat er 'ne Meinung entdeckt, die ihm Vorteile bringt, schon is es seine eigene... Und dabei is er ziemlich skrupellos. Als er noch Parteisekretär war, hat man sich besser nich mit ihm angelegt...

STEINHEIM Warum hat sich Ihr Mann dann mit ihm angefreundet?

TRUDE *lacht kurz auf:* Wenn ich das wüßte... *Mit gespieltem Pathos:* Vielleicht weil wir alle Kinder dieser Welt sind... So oft haben sie sich ja nich gesehen. Und wenn, dann haben sie meistens mit irgendeinem Dritten Skat gespielt.

STEINHEIM Das haben Sie sich gefallen lassen?

TRUDE Ich kann mir 'n schrecklicheres Unglück vorstellen, als wenn Benno beschäftigt is... Ich hab mich dann meistens mit Lola unterhalten, mit seiner Frau. Mit d e r hab ich mich gut verstanden, is 'ne witzige Person... Daß d i e sich scheiden lassen will, versteht kein Mensch besser als ich. *Sie versucht ihm einen der Beutel abzunehmen, er läßt es aber nicht zu.*

STEINHEIM Treffen Sie sich heute noch mit ihr?
Trude schüttelt den Kopf. Dann hat sie einen Einfall:

TRUDE Das is überhaupt 'ne Idee!...

STEINHEIM Was?

TRUDE Ich könnte versuchen, Sie mit Lola zusammenzubringen. Ich möchte sie sowieso mal wiedersehen.

STEINHEIM Gerne.

TRUDE Ich versteh ja nichts von Schriftstellerei – aber wenn i c h 'ne Fernsehserie schreiben würde, wär mir Lola 'ne extra Folge wert...
Da muß Steinheim lächeln.

27. Bild
Küche der Grimms

Es ist Sonntagmorgen. Theo steht am Küchenherd, in Unterhosen, und brüht Kaffee auf. Am Tisch sitzt seine gegenwärtige Freundin Inge, im Unterrock, und ißt ein Marmeladenbrot.

THEO Willst du den Kaffee schwach, mittelstark oder superstark?

INGE Superstark. *Theo schüttet noch etwas Kaffee in den Filter, der auf der Kanne steckt, dann gießt er kochendes Wasser auf.* Übrigens hab ich mit meinem Vater geredet...

THEO Worüber?

INGE Über 'n Job für dich.

THEO *interessiert:* Das sagst du jetzt erst? Was ist rausgekommen?

INGE Zuerst hat er gefragt, wie kräftig du bist. Ich habe gesagt: Sehr kräftig. War doch richtig?

THEO Und dann?

INGE Dann hat er gesagt, es wär 'ne Stelle frei als Hofarbeiter. Achtfünfzig die Stunde.

THEO Hast du ihm erzählt, daß ich sechs Semester Philosophie studiert habe?

INGE Ja. Er hat gesagt, das is nich gerade günstig, aber er würde drüber wegsehen.

THEO Dann richte deinem Vater bitte aus, er kann mich mal.

INGE Werd ich tun... Das dumme is nur – er kriegt seinen Job los, aber was machst du mit den sechs Semestern?

Eine kleine Pause, Theo hantiert mit dem Kaffee.
Blauhorn, barfuß, in Hose und Unterhemd, öffnet
die Tür. Er sieht die halbnackte Inge.

BLAUHORN Oh, Verzeihung... *Er will sich wieder zu-*
rückziehen.

THEO Komm ruhig rein, wir haben's schon hinter uns.
Blauhorn kommt in die Küche, er tut es nicht gern.

28. Bild
Wohnzimmer der Grimms

Die Vorhänge sind noch zugezogen, es ist also halbdun-
kel. Trude kommt im Nachthemd herein, aus dem an-
grenzenden Schlafzimmer. Sie ist noch nicht ganz wach.
Sie durchquert den Raum wie eine Schlafwandlerin, als
sie von einem Geräusch erschreckt wird. Sie schreit
schrill auf. Auf dem Sofa setzt sich Lobeck, der dort bis
eben noch geschlafen und das Geräusch verursacht hat,
aufrecht hin. Auch er ist zu Tode erschrocken. Trude
stürzt zurück in das Schlafzimmer und wirft die Tür
hinter sich zu.

29. Bild
Schlafzimmer der Grimms

TRUDE Dieser Mensch muß weg.
Sie zieht sich einen Morgenmantel an. Grimm liegt
noch im Bett, schläft aber nicht mehr.

GRIMM Was is passiert? Was hat er getan?

TRUDE Ich komm nichtsahnend rein, da liegt der auf'm Sofa!

GRIMM Und deswegen das Geschrei?

TRUDE Entschuldige, ich hatt's vergessen. Ich bin 'ne schreckhafte Frau.

GRIMM Dafür kann er doch nichts. Heute is Sonntag. Du schläfst, solange du willst, und er schläft, solange er will.

TRUDE Aber warum ausgerechnet in meinem Wohnzimmer?

30. Bild
Wohnzimmer der Grimms

Trude kommt, nun im Morgenmantel, wieder herein. Lobeck sitzt noch, wie zuvor, auf dem Sofa. Ein Stuhl ist ans Sofa gerückt, anstelle eines Nachttischs, darauf ein paar Sachen von Lobeck. Über der Lehne hängen seine Socken. Trude geht resolut durchs Zimmer und zieht an allen Fenstern die Vorhänge auf. Lobeck zündet sich eine Zigarette an. Trude öffnet eins der Fenster.

LOBECK Hab ich irgendwas angestellt?

TRUDE Ich bin nur erschrocken, weil hier plötzlich 'n fremder Mann lag.
Lobeck lächelt, dann fängt er an zu husten – der morgendliche Hustenanfall eines Nikotinikers. Trude verzieht, für Lobeck nicht zu sehen, angeekelt das Gesicht. Sie geht zum Telefon.

TRUDE *nimmt den Hörer:* Sag mir mal eure Nummer.

LOBECK *mißtrauisch:* Wozu brauchst'n die?

TRUDE Zum Anrufen... *Und dann, als Lobeck immer noch zögert, ungeduldig:* Sie steht im Telefonbuch. Sagst du sie mir, oder muß ich nachsehen?

LOBECK Willst du Lola erzählen, daß ich bei euch bin?... Ich finde nich, daß sie das unbedingt etwas angeht... *Er muß wieder husten. Trude hat genug. Sie legt den Hörer aus der Hand, nimmt ein privates Telefonbuch, blättert kurz darin und wählt dann eine Nummer, die sie abliest. Lobeck sieht ihr aufmerksam zu. Trude wartet am Telefon, bis sich jemand meldet, sie sieht Lobecks Blick.*

TRUDE *in den Hörer:* Guten Tag, Lola. Hier is Trude, ich ruf doch nich zu früh an?... *Sie geht mit dem Telefon so weit von Lobeck weg, wie es die Schnur zuläßt. Sie wendet sich auch ab von ihm und spricht so leise, daß er nichts verstehen kann. Einmal sieht sie kurz zu ihm und sagt so, daß man es deutlich hört:* Ja, der is hier...

Hinter ihrem Rücken steht Lobeck auf und zieht sich die Hosen an. Dann tritt er an sie heran, ohne daß sie es bemerkt. Sie nimmt ihn erst wahr, als er die Hand nach dem Telefon ausstreckt, das sie irgendwo abgestellt hat, sagen wir auf dem Fensterbrett.

TRUDE *in den Hörer:* 'n kleinen Moment... *Dann zu Lobeck:* Falls du auf die Idee kommst, auf die Gabel zu drücken, bist du in fünf Minuten raus aus dieser Wohnung... *Sie nimmt das Telefon und hält es ihm so hin, daß es wie ein Angebot ist, die Gabel herunterzudrücken.*

TRUDE *in den Hörer:* Geht gleich weiter...

Lobeck macht kehrt, er setzt sich aufs Sofa und beobachtet sie weiter.

TRUDE *in den Hörer:* Wir können weitermachen... *Sie setzt das Gespräch fort, für ihn (und uns) unverständlich wie zuvor.*

Grimm kommt aus dem Schlafzimmer, er zieht sich gerade den Bademantel an.

LOBECK *zu Grimm:* Sie telefoniert mit Lola.

GRIMM Ich hab's Telefon gar nich läuten hören.

LOBECK Es hat auch nich geläutet. Sie hat angerufen!... *Er zeigt mit dem Finger auf Trude wie ein Ankläger; irgendwie scheint er darauf zu bauen, daß Grimm Trude zur Verantwortung ziehen wird.*

GRIMM Warum?

LOBECK Das möchte ich auch wissen. Bestimmt, um ihr was über mich zu erzählen. Um ihr irgendwelche heißen Tips zu geben... Ich kann's nich anders nennen – ich finde das hinterhältig.

TRUDE *in den Hörer:* Bis morgen dann, ich freu mich drauf. *Sie legt auf. Offenbar hat sie Lobecks letzten Satz verstanden.*

TRUDE *zu Lobeck:* Was is hinterhältig?

LOBECK Es tut mir leid, wenn ich dir das sagen muß, aber man kann's nich mit allen Parteien halten. Man muß sich entscheiden... Du weißt, wie Lola und ich zueinander stehen. Und ich finde, wenn ich nu schon hier bin, is es nich in Ordnung, der Gegenpartei Ratschläge zu geben. Und Lola is nu mal Gegenpartei.

TRUDE *nach einer Pause zu Grimm:* Sag mal deinem Freund, er soll nich überschnappen... *Zu Lobeck:* Wie kommst du darauf, daß ich deine Partei

bin?... Weil du auf meinem Sofa schläfst? Weil du
meine Luft verpestest?...

Sie geht hinaus. Lobeck drückt seine Zigarette aus.

GRIMM Is was passiert zwischen euch?

LOBECK Absolut nich. Sie kommt hier rein, sie schreit,
sie geht, kommt wieder, telefoniert und beschimpft
mich. Sonst war nichts.

GRIMM Ich glaube, du hast mit Frauen einfach kein
Glück.

31. Bild
Oranienburger Straße

*Lola ist eine hübsche Frau von Mitte Dreißig. Sie steht in
der Nähe eines Straßencafés, in kurzem Lackledermantel und langen, hochhackigen Stiefeln. Sie arbeitet hier
als Prostituierte. Lola winkt lächelnd Trude zu, die,
nicht weit entfernt, aus einer Straßenbahn steigt.*

TRUDE *ihre Gedanken:* Was will denn die von mir?...
*Sie wendet sich ab und geht in Richtung des Cafés.
Nach wenigen Schritten wird ihr aber blitzartig klar:*

TRUDE O Gott, das war Lola!...
*Sie sieht verstohlen in Lolas Richtung, Lola verfolgt
sie mit Blicken. Nach wenigen Sekunden winkt Lola
sie zu sich – komm schon.*

TRUDE Sie isses...
Trude geht zu Lola.

LOLA Ein paar Sekunden zum Staunen sind angemessen.
Aber dehn's nicht zu sehr aus.

Sie umarmen sich zur Begrüßung, nicht allzu dramatisch.

TRUDE Findest du's in Ordnung, wenn ich jetzt nich frage, wie das alles gekommen is?
Lola nickt lächelnd.

TRUDE Als ich deinen Mann auf unserem Sofa liegen sah, is mir plötzlich eingefallen, daß wir uns schon 'ne Ewigkeit nich gesehen haben.

LOLA Man muß leider verstehen, daß er dich an mich erinnert. Aber nicht mehr lange...
In einer nächsten Einstellung spazieren sie langsam nebeneinander her, im Gespräch. Es sieht aus, als gingen sie beide derselben Arbeit nach.

TRUDE Als er gekommen is, hat er gesagt, nur 'n paar Tage. Du weißt, was für 'n weiches Herz Benno hat. Und jetzt is er schon 'ne Woche da.

LOLA Willst du mir erzählen, wie mühsam es ist, ihn loszuwerden? Ich weiß es...
Ein Auto fährt im Schrittempo neben ihnen her, darin zwei nicht mehr ganz junge Männer. Der auf dem Beifahrersitz hat die Scheibe heruntergedreht.

BEIFAHRER He!... Seid ihr beiden Mädels im Zweierpack zu haben?

LOLA *sachlich:* Nee, nur einzeln. Und im Moment überhaupt nicht.
Die Männer scheinen es leicht zu nehmen, das Auto entfernt sich.

TRUDE Perverse Bande!...

LOLA Wieso pervers?

TRUDE *in Maßen entrüstet:* Na hör mal, in meinem Alter!... Die müssen doch – wie nennt man das? –, die sind wahrscheinlich gerontophil!

LOLA *milde:* Versuch's doch als Kompliment zu neh-
men.
TRUDE Fällt mir zu schwer...
Lola zündet sich im Gehen eine Zigarette an.
TRUDE Nich nur dein Mann is bei uns, sondern auch 'n
Schriftsteller...
LOLA *kommentiert:* Ihr seid eine Art Arche Noah?
TRUDE *weiter:* Ein nich unangenehmer Mensch. Er will
was über'n Osten schreiben und sammelt Erfahrun-
gen. Fürs Fernsehen... Er würde sich gerne mal mit
dir treffen.
LOLA Hab nichts dagegen. Einmal kostet fünfzig Mark.
Oder hundertfünfzig die Stunde.
Kurze Pause.
TRUDE *etwas betreten:* Werd ich ihm sagen...
Sie spazieren.

Inhalt

Folge 4
Der empfindliche Bruder
5

Folge 5
Stasi für Anfänger
69

Folge 6
Der zweite Sekretär
133

Jurek Becker
Sein Werk im Suhrkamp Verlag und Insel Verlag

Aller Welt Freund. Roman. st 1151
Amanda herzlos. Roman. Leinen und st 2295
Die beliebteste Familiengeschichte. Erzählungen. it 2333
Der Boxer. Roman. BS 1045 und st 526
Bronsteins Kinder. Roman. st 1517
Irreführung der Behörden. Roman. st 271
Jakob der Lügner. Roman. BS 510 und st 774
Nach der ersten Zukunft. Erzählungen. st 941
Schlaflose Tage. Roman. Leinen und st 626
Warnung vor dem Schriftsteller. Drei Vorlesungen in Frankfurt. es 1601
Jurek Becker. Herausgegeben von Irene Heidelberger-Leonard. st 2116

78/1/3.94

Deutschsprachige Literatur
in den suhrkamp taschenbüchern:
Prosa

Eine Auswahl

Andreas-Friedrich, Ruth: Der Schattenmann. Tagebuchaufzeichnungen 1938-1945. Mit einem Nachwort von Jörg Drews. st 1267

Augustin, Ernst: Der amerikanische Traum. Roman. st 1840

Bachmann, Ingeborg: Malina. Roman. st 641

Baur, Margrit: Ausfallzeit. Eine Erzählung. st 1617

Becker, Jurek: Der Boxer. Roman. st 526

– Bronsteins Kinder. Roman. st 1517

– Irreführung der Behörden. Roman. st 271

– Jakob der Lügner. Roman. st 774

Beig, Maria: Kuckucksruf. Roman. st 1825

– Rabenkrächzen. Eine Chronik aus Oberschwaben. Roman. Mit einem Nachwort von Martin Walser. st 911

– Die Törichten. Roman. st 2219

Benjamin, Walter: Walter Benjamins Städtebilder. Fotografiert von Anna Blau. Mit einem Nachwort von Peter Szondi. st 1966

Berkéwicz, Ulla: Adam. st 1664

– Josef stirbt. Erzählung. st 1125

– Maria, Maria. Drei Erzählungen. st 1809

– Michel, sag ich. st 1530

Bernhard, Thomas: Amras. Erzählung. st 1506

– Auslöschung. Ein Zerfall. st 1563

– Beton. Erzählung. st 1488

– Erzählungen. st 1564

– Frost. st 47

– Holzfällen. Eine Erregung. st 1523

– Das Kalkwerk. Roman. st 128

– Korrektur. Roman. st 1533

– Der Untergeher. st 1497

– Wittgensteins Neffe. Eine Freundschaft. st 1465

Blatter, Silvio: Das blaue Haus. Roman. st 2141

– Kein schöner Land. Roman. st 1250

– Love me Tender. Erzählung. st 883

– Das sanfte Gesetz. Roman. st 1794

– Zunehmendes Heimweh. Roman. st 649

Braun, Volker: Hinze-Kunze-Roman. st 1538

– Unvollendete Geschichte. st 1660

Brecht, Bertolt: Dreigroschenroman. st 1846

253/1/11.93

Deutschsprachige Literatur
in den suhrkamp taschenbüchern:
Prosa

Brecht, Bertolt: Flüchtlingsgespräche. st 1793

– Geschichten vom Herrn Keuner. st 16

Broch, Hermann: Die Verzauberung. Roman. st 350

– Der Tod des Vergil. Roman. st 296

– Die Schlafwandler. Eine Romantrilogie. st 472

Buch, Hans Christoph: Haïti Chérie. Roman. st 1956

– Tropische Früchte. Afro-amerikanische Impressionen. Erstausgabe. st 2231

Burger, Hermann: Brenner. Roman. st 1941

– Der Schuß auf die Kanzel. Eine Erzählung. st 1823

Cailloux, Bernd: Der gelernte Berliner. Erstausgabe. st 1843

Camartin, Iso: Nichts als Worte? Ein Plädoyer für Kleinsprachen. st 1974

Dorst, Tankred: Die Reise nach Stettin. Mitarbeit Ursula Ehler. st 1934

Enzensberger, Hans Magnus: Ach Europa! Wahrnehmungen aus sieben Ländern. st 1690

– Der Fliegende Robert. Gedichte, Szenen, Essays. st 1962

– Mittelmaß und Wahn. Gesammelte Zerstreuungen. st 1800

Faes, Urs: Sommerwende. Roman. st 1922

Federspiel, Jürg: Die Ballade von der Typhoid Mary. st 1983

– Geographie der Lust. Roman. st 1895

– Die Liebe ist eine Himmelsmacht. Zwölf Fabeln. st 1529

Fleißer, Marieluise: Abenteuer aus dem Englischen Garten. Geschichten. Mit einem Nachwort von Günther Rühle. st 925

– Gesammelte Werke in vier Bänden. st 2274-2277

– Eine Zierde für den Verein. Roman vom Rauchen, Sporteln, Lieben und Verkaufen. st 294

Franke, Herbert W.: Der Elfenbeinturm. Science-fiction-Roman. st 1926

– Die Gla sfalle. Science-fiction-Roman. st 2169

Frisch, Max: Blaubart. Eine Erzählung. st 2194

– Homo faber. Ein Bericht. st 354

– Mein Name sei Gantenbein. Roman. st 286

– Der Mensch erscheint im Holozän. Eine Erzählung. st 734

– Montauk. Eine Erzählung. st 700

– Stiller. Roman. st 105

– Tagebuch 1946-1949. st 1148

– Tagebuch 1966-1971. st 256

Fritsch, Werner: Cherubim. st 1672

Deutschsprachige Literatur
in den suhrkamp taschenbüchern:
Prosa

Genzmer, Herbert: Cockroach Hotel. Ängste. st 1243
– Manhattan Bridge. Geschichte einer Nacht. st 1396
Goetz, Rainald: Irre. Roman. st 1224
– Kontrolliert. Roman. st 1836
Hänny, Reto: Am Boden des Kopfes. Verwirrungen eines Mitteleuropä-
    ers in Mitteleuropa. st 2210
Handke, Peter: Die Angst des Tormanns beim Elfmeter. Erzählung.
    st 27
– Der Chinese des Schmerzes. st 1339
– Falsche Bewegung. st 258
– Das Gewicht der Welt. Ein Journal. st 500
– Der Hausierer. Roman. st 1959
– Der kurze Brief zum langen Abschied. st 172
– Langsame Heimkehr. Tetralogie. st 1069–1072
– Die linkshändige Frau. Erzählung. st 560
– Die Stunde der wahren Empfindung. st 452
– Versuch über den geglückten Tag. Ein Wintertagtraum. st 2282
– Versuch über die Jukebox. Erzählung. st 2208
– Versuch über die Müdigkeit. st 2146
– Wunschloses Unglück. Erzählung. st 146
Happel, Lioba: Ein Hut wie Saturn. Erzählung. st 2217
Hesse, Hermann: Aus Kinderzeiten. Gesammelte Erzählungen Band 1.
    1900– 1905. Zusammengestellt von Volker Michels. st 347
– Beschreibung einer Landschaft. Schweizer Miniaturen. Herausgege-
    ben und mit einem Vorwort versehen von Siegfried Unseld. st 1970
– Demian. Die Geschichte von E. Sinclairs Jugend. st 206
– Der Europäer. Gesammelte Erzählungen Band 3. 1909– 1918. Zusam-
    mengestellt von Volker Michels. st 384
– Gertrud. Roman. st 890
– Das Glasperlenspiel. Versuch einer Lebensbeschreibung des Magister
    Ludi Josef Knecht samt Knechts hinterlassenen Schriften. st 79
– Innen und Außen. Gesammelte Erzählungen Band 4. 1919–1955. st 413
– Kindheit und Jugend vor Neunzehnhundert. Hermann Hesse in Brie-
    fen und Lebenszeugnissen. 1. Band: 1877– 1895. Ausgewählt und
    herausgegeben von Ninon Hesse. st 1002
– Kindheit und Jugend vor Neunzehnhundert. Hermann Hesse in Brie-
    fen und Lebenszeugnissen. 2. Band: 1895–1900. Herausgegeben von
    Ninon Hesse. Fortgesetzt und erweitert von Gerhard Kirchhoff.
    st 1150

Deutschsprachige Literatur
in den suhrkamp taschenbüchern:
Prosa

Hesse, Hermann: Kleine Freuden. Verstreute und kurze Prosa aus dem Nachlaß. Herausgegeben und mit einem Nachwort von Volker Michels. st 360

– Klingsors letzter Sommer. Erzählung. st 1195

– Lektüre für Minuten. Gedanken aus seinen Büchern und Schriften. Ausgewählt und zusammengestellt von Volker Michels. st 7

– Lektüre für Minuten. Neue Folge. Gedanken aus seinen Büchern und Briefen. Herausgegeben von Volker Michels. st 240

– Die Märchen. Zusammengestellt von Volker Michels. st 291

– Die Morgenlandfahrt. Eine Erzählung. st 750

– Narziß und Goldmund. Erzählung. st 274

– Peter Camenzind. Erzählung. st 161

– Siddhartha. Eine indische Dichtung. st 182

– Der Steppenwolf. Erzählung. st 175

– Die Verlobung. Gesammelte Erzählungen Band 2. 1906–1908. st 368

Hessel, Franz: Heimliches Berlin. Roman. Nachwort von Bernd Witte. st 2269

Hettche, Thomas: Ludwig muß sterben. Roman. st 1949

Hildesheimer, Wolfgang: Marbot. Eine Biographie. st 1009

– Masante. Roman. st 1467

– Mozart. st 598

– Tynset. Roman. st 1968

Hohl, Ludwig: Die Notizen oder Von der unvoreiligen Versöhnung. st 1000

Horstmann, Ulrich: Das Untier. Konturen einer Philosophie der Menschenflucht. st 1172

Horváth, Ödön von: Jugend ohne Gott. st 1063

– Sechsunddreißig Stunden. Die Geschichte vom Fräulein Pollinger. Roman. st 2211

– Sportmärchen und anderes. st 1061

Hürlimann, Thomas: Die Tessinerin. Geschichten. st 985

Johnson, Uwe: Das dritte Buch über Achim. Roman. st 169

– Mutmassungen über Jakob. Roman. st 147

– Eine Reise nach Klagenfurt. st 235

– Zwei Ansichten. st 326

Kaminski, André: Flimmergeschichten. st 2164

– Die Gärten des Mulay Abdallah. Neun wahre Geschichten aus Afrika. st 930

– Kiebitz. Roman. st 1807

– Nächstes Jahr in Jerusalem. Roman. st 1519

Deutschsprachige Literatur
in den suhrkamp taschenbüchern:
Prosa

Kaschnitz, Marie Luise: Liebesgeschichten. Ausgewählt und mit einem Nachwort versehen von Elisabeth Borchers. st 1292
– Steht noch dahin. st 57
Kirchhoff, Bodo: Die Einsamkeit der Haut. Prosa. st 919
– Infanta. Roman. st 1872
– Mexikanische Novelle. st 1367
Koch, Werner: See-Leben. 3 Bände in Kassette. st 783
Koeppen, Wolfgang: Amerikafahrt. st 802
– Jakob Littners Aufzeichnungen aus einem Erdloch. Roman. Mit einem Vorwort des Autors. st 2267
– Die Mauer schwankt. Roman. st 1249
– Tauben im Gras. Roman. st 601
– Der Tod in Rom. Roman. st 241
– Das Treibhaus. st 78
Kolleritsch, Alfred: Die grüne Seite. Roman. st 323
Kracauer, Siegfried: Georg. Roman. Mit einem Nachwort von Christian Döring. st 1868
– Ginster. Roman. st 1767
Kraus, Karl: Hüben und Drüben. Aufsätze 1929-1936. Herausgegeben von Christian Wagenknecht. st 1328
– Die Stunde des Gerichts. Aufsätze 1925-1928. Herausgegeben von Christian Wagenknecht. st 1327
Kreuder, Ernst: Die Gesellschaft vom Dachboden. Erzählung. Mit einem Nachwort von Klaus Schöffling. st 1280
Krüger, Horst: Diese Lust am Leben. Zeitbilder. Erstausgabe. st 2263
Kühn, Dieter: Stanislaw der Schweiger. Roman. st 496
Laederach, Jürg: Laederachs 69 Arten den Blues zu spielen. st 1446
Lenz, Hermann: Andere Tage. Roman. st 461
– Der innere Bezirk. Roman in drei Büchern. st 2159
– Jung und Alt. Erzählung. st 1935
Leutenegger, Gertrud: Ninive. Roman. st 685
Mayer, Hans: Ein Deutscher auf Widerruf. Erinnerungen. Band I. st 1500
– Ein Deutscher auf Widerruf. Erinnerungen. Band II. st 1501
– Der Turm von Babel. Erinnerung an eine Deutsche Demokratische Republik. st 2174
Mayröcker, Friederike: Die Abschiede. st 1408
Meyer, E. Y.: In Trubschachen. Roman. st 501
Meyer-Hörstgen, Hans: Hirntod. Roman. st 1437

Deutschsprachige Literatur
in den suhrkamp taschenbüchern:
Prosa

Morshäuser, Bodo: Die Berliner Simulation. Erzählung. st 1293
– Blende. Erzählung. st 1585
Muschg, Adolf: Albissers Grund. Roman. st 334
– Gegenzauber. Roman. st 665
– Leib und Leben. Erzählungen. st 2153
– Das Licht und der Schlüssel. Erziehungsroman eines Vampirs. st 1560
– Liebesgeschichten. st 164
– Noch ein Wunsch. Erzählung. st 735
– Der Turmhahn und andere Liebesgeschichten. st 1630
Nachwehen. Frauen und Männer mit Kindern. Verständigungstexte.
  Herausgegeben von Michael Klaus. st 855
Neumeister, Andreas: Äpfel vom Baum im Kies. st 1748
Nizon, Paul: Im Bauch des Wals. Caprichos. st 1900
Nossack, Hans Erich: Der Fall d'Arthez. Roman. st 1963
Pakleppa, Fabienne: Die Himmelsjäger. Roman. st 2214
Penzoldt, Ernst: Die Powenzbande. Zoologie einer Familie. st 372
Plenzdorf, Ulrich: Legende vom Glück ohne Ende. st 722
– Die neuen Leiden des jungen W. st 300
Praetorius, Friedrich-Karl: Reisebuch für den Menschenfeind. Die Freu-
  den der Misanthropie. Erstausgabe. st 2203
Rakusa, Ilma: Die Insel. Erzählung. st 1964
Reinshagen, Gerlind: Sonntagskinder. st 759
Rothmann, Ralf: Stier. Roman. st 2255
– Der Windfisch. Erzählung. st 1816
Schindel, Robert: Gebürtig. Roman. st 2273
Schleef, Einar: Gertrud. st 942
Späth, Gerold: Barbarswila. Roman. st 1960
– Stilles Gelände am See. Roman. st 2289
Tergit, Gabriele: Atem einer anderen Welt. Berliner Reportagen.
  Herausgegeben und mit einem Nachwort versehen von Jens Brüning.
  Erstausgabe. st 2280
Unseld, Siegfried: Der Autor und sein Verleger. st 1204
– Begegnungen mit Hermann Hesse. st 218
Waggerl, Karl Heinrich: Das Jahr des Herrn. Roman. st 836
Walser, Martin: Die Anselm Kristlein Trilogie. Halbzeit. Das Einhorn.
  Der Sturz. 3 Bände in Kassette. st 684
– Brandung. Roman. st 1374
– Dorle und Wolf. Eine Novelle. st 1700
– Ehen in Philippsburg. Roman. st 1209

Deutschsprachige Literatur
in den suhrkamp taschenbüchern:
Prosa

Walser, Martin: Ein fliehendes Pferd. Novelle. st 600
– Ein Flugzeug über dem Haus. Und andere Geschichten. st 612
– Jagd. Roman. st 1785
– Seelenarbeit. Roman. st 901
– Die Verteidigung der Kindheit. Roman. st 2252
Walser, Robert: Aufsätze. st 1103
– Fritz Kochers Aufsätze. st 1101
– Der Gehülfe. Roman. st 1110
– Geschichten. st 1102
– Geschwister Tanner. Roman. st 1109
– Jakob von Gunten. Ein Tagebuch. st 1111
– Seeland. st 1107
– Der Spaziergang. Prosastücke und kleine Prosa. st 1105
– Der Räuber. Roman. Das Nachwort schrieb Martin Jürgens. st 1112
Weiß, Ernst: Georg Letham. Arzt und Mörder. Roman. st 793
– Männer in der Nacht. Roman. st 791
– Nahar. Roman. st 788
– Der Verführer. Roman. st 796
Weiss, Peter: Das Duell. Aus dem Schwedischen von J. C. Görsch in
    Zusammenarbeit mit dem Autor. Mit 10 Federzeichnungen von Peter
    Weiss. st 41
Winkler, Josef: Der Ackermann aus Kärnten. Roman. st 1043
– Friedhof der bitteren Orangen. Roman. st 2171
– Menschenkind. Roman. st 1042
Zeemann, Dorothea: Einübung in Katastrophen. Leben zwischen 1913
    und 1945. st 565
– Jungfrau und Reptil. Leben zwischen 1945 und 1972. st 776
– Eine unsympathische Frau. Erzählungen. st 2224
Zweig, Stefan: Brasilien. Ein Land der Zukunft. st 984

Filmbücher, Theorie des Kinos
im Suhrkamp Verlag und im Insel Verlag

Herbert Achternbusch: Der Depp. Filmbuch. Mit Fotografien von G. Freyse. st 898
– Das letzte Loch. Filmbuch. st 803
– Der Neger Erwin. Filmbuch. st 682
– Die Olympiasiegerin. Filmbuch. st 1031
– Servus Bayern. Filmbuch. Mit 27 Fotografien. st 937
Thomas Bernhard: Der Italiener. st 1645
– Der Kulterer. Eine Filmgeschichte. st 306
Thomas Brasch: Domino. Ein Film. Mit 126 Fotos von Heide Woicke aus dem gleichnamigen Film. Gebunden
– Engel aus Eisen. Beschreibung eines Films. es 1049
Max Frisch / Krzysztof Zanussi: Blaubart. Ein Buch zum Film von Krzysztof Zanussi. Herausgegeben von Michael Schmid-Ospach und Hartwig Schmidt. st 1191
Peter Handke: Chronik der laufenden Ereignisse. st 3
Elfriede Jelinek: Malina. Ein Filmbuch von Elfriede Jelinek. Nach dem Roman von Ingeborg Bachmann. Mit farbigen Filmfotos.
Heinrich von Kleist: Die Marquise von O... Mit Materialien und Bildern zu dem Film von Eric Rohmer und einem Aufsatz von Heinz Politzer. Herausgegeben von Werner Berthel. Übersetzungen aus dem Französischen von Werner Berthel. it 299
Siegfried Kracauer: Aufsätze zum Film. Leinen und kartoniert
– Kino. Essays, Studien, Glossen zum Film. Herausgegeben von Karsten Witte. st 126
– Theorie des Films. Die Errettung der äußeren Wirklichkeit. Vom Verfasser revidierte Übersetzung von Friedrich Walter und Ruth Zellschan. Herausgegeben von Karsten Witte. stw 546
– Von Caligari zu Hitler. Eine psychologische Geschichte des deutschen Films. Mit 64 Abbildungen. Übersetzt von Ruth Baumgarten und Karsten Witte. stw 479
Literaturverfilmungen. Herausgegeben von Franz-Josef Albersmeier und Volker Roloff. stm. st 2093
Adolf Muschg: Deshima. Filmbuch. Mit Abbildungen. st 1382
Ulrich Plenzdorf: Filme. 2 Bde. st 1693
– Karla. Der alte Mann, das Pferd, die Straße. Texte zu Filmen. st 610
– Die Legende von Paul und Paula. Filmerzählung. st 173
Peter Weiss: Avantgarde-Film. Aus dem Schwedischen von Beat Mazenauer. es 1444
Wim Wenders / Peter Handke: Der Himmel über Berlin. Ein Filmbuch. Mit 176 teils farbigen Filmbildern. Kartoniert

Filmbücher, Theorie des Kinos
im Suhrkamp Verlag

Peter Weiss: Avantgarde-Film. Aus dem Schwedischen von Beat Maze-
nauer. es 1444
Wim Wenders / Peter Handke: Der Himmel über Berlin. Ein Filmbuch.
Mit 176 teils farbigen Filmbildern. Kartoniert